老師好好說
發揮語言在兒童教育的影響力

Choice Words: How Our Language
Affects Children's Learning

Peter H. Johnson　著

李政賢　譯

五南圖書出版公司 印行

棍棒和石頭可能打破我的骨頭

賀伯·華倫（Herb Warren）

「棍棒和石頭可能打破我的骨頭，
　但語言永遠不可能傷害我。」
這一點，我知道肯定是真的，
　　真理不能讓我死。

但現在，我知道不是這樣。
　我改變了後半句：
棍棒和石頭或許會打破骨頭，
　但是話語可以讓人心碎。

骨頭或許會被棍棒和石頭打破，
　精神卻可能毫髮無傷，
　三言兩語可能讓人心碎，
　沉默不語也可能把人擊垮。

目　次

﹝ 前 言 ﹞

　　大約二十五年前，我注意到，小學教師不時會根據當下狀況而調整教學用語。經過多年研究閱讀教學的觀察紀錄，我發現，教師與成功讀者有三種不同的互動模式（Allington, 1980）。這麼多年下來，讓人頗為憂心的是，如今孩童當中的成功讀者有越來越少的趨勢。根據我的觀察，成功的閱讀教學互動的三種模式包括：(1)老師比較少打斷孩子，而是等待更長的時間，讓孩子依照自己的步調，放心試著說說看；(2)他們的回應著重於孩子可能要傳達的意思，而不是書本上的細節；(3)他們把重點放在維持孩子努力試探的意願，而不是急著糾正錯誤。舉例而言，他們會試著說：

　　「你覺得這樣說得通嗎？」

　　「這聽起來，OK嗎？」

　　「讓我們再試一次，好嗎？」

　　相對地，他們比較不會緊迫盯人，逼著孩子「趕快把答案說出來」。有助益於讀者的回應通常都是傾向讓讀者感受到，閱讀就在於從文字當中摸索並找出意義來。雖然我當時已經知道這些都是很關鍵的區別，只不過並沒有進一步深入探索該等教學對話。我不認為我當下全然明瞭有關教師和學童日常互動用語的重要性，這些看似小小的差異，其實還只是冰山一角而已。

　　在研究發表後十年左右，彼得・強斯頓（Peter Johnston）和我開始持續合作研究。接下來的十年，在彼得的協助下，我進一步領略到教師課堂教學話語的其他面向。無奈長期以來，我一直習慣使用直接教學的模式，或許是這種根深柢固的習性作祟，阻礙了我，以至於我沒能覺察到直接教學以外的面向。我傾向於專注我所稱的談話的外顯性、思想內

1

容和策略；相對地，比較沒能注意到教師話語的社會、道德和個人面
向。或許，也是由於彼得在本書描述的那些談話類型出現頻率相對比較
低，因而我自己比較不容易察覺。幸運的是，經過長年的研究相處，日
復一日的課堂觀察，我有幸和許多優秀教師在教室裡比肩而坐，他們讓
我見識到了課堂靈活運用的談話術。我注意到這些教師與學生的互動，
有很多令人讚嘆的正向意義和功能（另請參見Pressley et al., 2003）。
我注意到他們的課堂互動當中，有許多屬於會話的性質（Allington,
2002）。當我自己在彼得觀察的許多教室進行觀察時，我也慢慢意識到
並發現他所注意到的諸多事情當中，有很大一部分都是我疏於注意的。

　　這並不是說，我注意到的是完全微不足道的瑣事，而是我當時沒有
適切的心理架構，無從容許我參照來思索我所看到和所聽到的，以至於
我錯過了彼得所注意到的事項，也就沒能有機會去理解彼得在本書提出
的諸多解釋。我或多或少知道，自我調節（self-regulation）、後設認知
（metacognition）、自我效能（self-efficacy）和其他諸多心理架構，可
以用來解釋讀者之間或課堂之間的差異。打個比喻，我是有注意到佛州
大學美式足球隊（佛大鱷魚隊）有效壓制了敵隊的四分衛，但是我沒能
看出箇中阻擋其傳球的關鍵竅門所在。

　　所以，即便我和彼得共同投入課堂研究十年有餘，讀了彼得寫的這
本書，仍讓我不時有茅塞頓開的驚喜。如今，多虧了這本書的出版，我
獲得第二次的機會，得以驗證他深刻觀察發現細節的可靠性。這本書中
呈現的這些老師的課堂談話，大部分我都有親耳聽過；只可惜，我當時
礙於眼拙心鈍，沒能看得他是那麼地深入。因此，我可以親身見證，透
過他精闢的分析，確實為讀者提供了鞭辟入裡的獨到洞視，讓我們看
見，語言如何可能強而有力地形塑了關於閱讀和寫作的思考，也影響了
學生讀者、作者身分認同與社群生活等形貌。

　　彼得也注意到其他人，包括教師和研究人員等，早就各自努力來傳

達本書報導的教師工作常用的那種談話的力量。他還引用了許多其他研究者的課堂談話例子，來闡明該等想法。但我認為彼得應該是第一人，首先把這一切集中在一本書中，吸引廣泛的讀者，並且給予全新的眼光來觀察教室。

　　我真希望我寫了這本書。其實，我是希望我有能力寫出這樣一本難能可貴的好書。不過，我只能由衷感謝本書的出版，不敢掠美，並且誠心期盼有方法得以確保，所有教師、師資培訓專家學者、學校行政人員和研究人員都能來仔細研讀這本書。假以時日，或許我們的討論、課程、研究，還有教育政策，就能夠脫胎換骨，跳脫以往只限於辯論如何教導學生考高分；相反地，我們可以集中心力共同追求，如何可能提供兒童成為讀者和作家所需的養分，並且培養出有識讀素養的民主社會公民。

理查・阿靈頓（Richard Allington）

［ 致謝辭 ］

本書的發想起源於麥可‧普雷斯利和迪克‧阿靈頓的一項研究案，那是他們兩人合作向美國「國家英語學習與成就研究中心」（National Research Center on English Learning and Achievement，簡稱CELA）申請的研究計畫。我與迪克合作已有二十多年之久，長年以來，受惠良多，特此致上由衷之謝忱。

我也要感謝CELA中心的兩位主任，亞瑟‧阿普爾比和茱迪絲‧朗格，在他們卓越領導風範的帶領下，組成了優秀的工作團隊，尤其是瑪麗‧墨菲和珍妮‧安吉利斯，她們出色的工作能力，以及對本案的大力協助，再再都令我欽佩與感激不盡。本計畫經由CELA，獲得美國教育部「教育研究和改進局」，現改制為「教育科學研究院」管轄的「研究和開發中心」專案補助（計畫編號：R305A960005）。

此外，我還要感謝在本研究專案初期共襄盛舉的其他CELA中心研究人員：凱西‧柯林斯‧布拉克、蓋伊‧艾維、萊斯利‧莫羅、魯斯‧華頓—麥當勞、南希‧法恩、瑪西‧考克斯和海倫‧福斯特‧詹姆斯，以及研究助理金‧布斯羅伊德、格雷‧布魯克斯、梅麗莎‧塞迪諾、約翰‧克羅寧、潔妮‧波拉克‧戴伊、蘇珊‧萊登、史蒂芬‧鮑爾斯、尚‧維爾特瑪，以及哈利‧伍德賽—紀弘。

有許多教師慷慨同意，容許我和同事進入他們的教室，記錄教學現場的實踐，特別是我親自造訪觀察的教師，對於他們的好意，我再怎麼感謝也不足以回報。從他們身上，我學到如此之多，每位教師都讓我見識到，教學天才洋溢的獨特風貌和聲音。我希望本書棉薄之力，能夠讓他們出色的日常工作有機會獲得公平的評價。

本書引用了相當多的材料，我非常感謝允許我這樣做的出版商：

美國心理學會出版社、吉爾福（Guilford）出版社、韓尼曼（Heine-mann）出版社、史登豪斯（Stenhouse）出版社，以及哥倫比亞大學教師學院出版社。我特別感謝許可重印由賀伯・華倫的詩，作爲本書開卷詩。如果你想閱讀更多華倫的精采詩詞創作，請洽詢《賀伯・華倫之友社》，聯絡方式如後：

Friends of H. J. Warren

Box 399, Camden, Maine 04843

USA

紐約州立大學奧爾巴尼分校的同事：吉姆・柯林斯、謝麗爾・多齊爾、凱朗尼・丹斯莫爾、馬克・裘瑞、喬治・坎布雷利斯、唐娜・史坎倫、瑪姬・希耶、西恩・沃姆斯利、琴妮・葛特雷和蘿絲・瑪麗・韋伯，長久以來接受你們的支持與關照，在此特別謝謝並感恩有幸與你們共事的好福氣。多虧了瑪麗・昂塞爾和琳達・峇峇情義相挺，一路陪伴，讓我的工作得以持續向前、有所進展。有你們眞好，謝謝。

瑪麗・克萊在倡導兒童閱讀恢復的實務與研究論述，激發了我開始去思考教師對兒童閱讀的反應方式，以及有關讀寫教學和學習的幾乎所有面向。吉姆・柯林斯和蓓琪・羅傑斯，在我啓發對教師課堂話術的興趣和理解方面，扮演了重要的角色。蓓琪和寶拉・科斯特洛透過分享文章和討論，幫助擴展了我的興趣和想法。在多年教學中，與謝麗爾・多齊爾和芭芭拉・喬亞的對話，也對我的思考有極大的幫助。

寫作本書期間，承蒙琴妮・葛特雷、寶拉・科斯特洛、蓓琪・羅傑斯、謝麗爾・多齊爾、蓋伊・艾維、珍妮弗・格雷、傑米・康威等多位方家識者不吝惠予指正和鼓勵，惠我良多，萬分感激。同樣地，史登豪斯出版社編輯布蘭妲・鮑爾、菲利帕・斯特拉頓和瑪莎・特魯言無不盡的有用回饋和幫助，厚恩盛情點滴在心頭，千言萬語都不足以表達我的謝意。本書若有任何缺漏不足之處，所有責任當然都必須歸咎於我一

人。

在整個寫作過程中,一如過往,我始終得到家人無悔的支持與體諒:蒂娜、尼古拉斯、艾蜜莉和莎曼珊。說來慚愧,我多年來研究、倡導兒童教養說話術,照理來說,應該最清楚如何以身作則,將各種說話術實現得臻於完美,但是知易行難,很多時候,我和家人的互動,當下說出口的話,或是對他們的反應態度和方式,往往不盡理想,頂多差強人意,有時候甚至是糟糕透頂。就此而言,我真的必須向他們致上深深的歉意,希望他們能夠原諒我的力有未逮。

第 一 章

緒論：語言在教學中的影響力

　　小學四年級，有一次上課，我躲在老師背後調皮搗蛋。老師轉過身，語帶風趣悠悠說道：「老天爺啊！你這是打哪兒蹦出來的小鬼頭，看倌速速拿來鏟子，好好給這廂裝滿髒東西的腦袋瓜子敲個乾淨。」像這類微不足道的校園小插曲，一旁的人可能看看熱鬧，嘻嘻哈哈，過後也就忘了。這當中的教學天分，可能很容易就給錯過了。

　　可是在當時，老師戲而不謔的語言，著實抓住了我的注意力，也成功遏阻了我的不當行為。在此同時，透過幽默的呈現方式，脫去了罵人傷感情的負面感受，受教之餘，也讓我小小的心靈不至於受到傷害（這顯示老師的善解人意）。這也向我展現了，語言可以價值連城，同時又妙語橫生──足夠有價值，所以可以好好玩；足夠有力，所以不用強迫施壓就足以改變行為。這老師還展示了，如何可能採用其他聲音，從其他來源汲取語言；另外，還時不時提醒我們留意社會科的研究題材。只不過，如果說單單只因為這單一事件，就決定了我日後在學習、思考、教學和社會生活當中使用語言的方式，那未免太單純可笑了。如果說，我是將它作為對話的一個例子，曾經在我的社會生活和智識生活留下了印記，這樣說應該不至於太離譜。

　　我一直很幸運，能夠受教於這位老師，還有其他許多老師。不過，我倒不是很確定我的四年級老師是否一直都很清楚，他在課堂上使用語言的方式所可能帶來的影響。他不無可能只是在不自覺的情況下，擅長以有助於學生學習的方式使用該等課堂談話術。有鑑於此，身為教育研究者，我們就有必要更仔細去思索、探究，老師如何運用課堂說話術，從而提供學生最理想的學習養分與環境。

　　最近，我和同僚有幸研究，成功的語文科教師如何施展課堂說話術的魔法（Allington & Johnston, 2002b）。我們界定成功語文科教師的標準，是他們所教的學生在傳統語文測驗成績良好，並且有熟悉他們教學工作的人推薦，期許自己見賢思齊，也能像他們一樣教得那麼好，或是

希望自家子女能夠接受他們的教導。成功的老師都有自己獨特的優點，也有各自感到吃力不足之處，大家都沒有什麼不同。我對這些老師使用語言強力而微妙的方式，特別感興趣，並開始探索箇中意涵與可能的啓示。

在本書，我聚焦於教師所說的（以及沒說的），亦即各種外顯與內隱的課堂言說行為，如何對學生的語文識讀生活產生影響效應（正面效應爲主，負面爲輔）。我使用的例子，基本上都是課堂師生對話常見的用詞遣字。最初，我從我們觀察研究的老師那裡找例子；後來，再從其他研究者的研究著述以及我個人的經驗，增添若干例子，來輔助闡明某些要點。

最初，我的興趣主要是想探究，教師的課堂用語如何可能影響學生成功習得語文識讀素養，例如，在語文測驗表現優良。不過，有很多時候，我觀察到老師與學生明明完成很棒的事情，可是在課堂結束時卻若有所失地表示有些課程內容沒有上完，因而感到愧疚。在我看來，這種愧疚感實在毫無根據，而且沒有建設性。之所以會有如此的負面感覺，部分原因可能是由於老師缺乏能力去「命名」師生共同達成的成就。其實，教師可能促成複雜而且特別重要的學習成就，但卻沒有獲得傳統測驗、決策者、社會大眾、甚至教師自己的正視。因此，本書第二個目標即是要透過清楚揭示此等複雜而且重要的學習成就，以消除前述的愧疚感。

如果我們有從維高斯基（Vygotsky, 1978）學到任何東西，那或許就是：「兒童成長融入他們周遭的智識生活。」（"children grow into the intellectual life around them"，頁88）智識生活的本質乃是社會屬性的，而且語言在其中扮演了特殊的角色。因爲智識生活是社會屬性的，自然也涉及人際關係和情感面向。就我而言，在觀察成就斐然的教師，最讓我肅然起敬的，就是看到他們默默耕耘，活用各種巧妙的方式，爲

孩子建立起裨益情感和關係健全發展的學習社群。此等智識環境並不僅止於讓孩子學會技術能力，更重要的是還能讓他們成為有愛心、有安全感，而且主動積極、有語文識讀素養的人。觀察這些教師同時完成這兩方面的目標，使我深信這兩者並非完全無法相容並進。

若干年前，我讀到瑪麗・蘿絲・歐萊莉（Mary Rose O'Reilley）的《和平課堂》（*The Peaceable Classroom*）。在這書很前面的地方，作者歐萊莉寫道：「成為老師以來，我時不時會問自己，教英語是否可能有某些方式，能夠讓人們停止互相殘殺？」（O'Reilley，1993，頁30）第一次讀到這樣的自白，我不禁啞然失笑，這不就像我年輕歲月初為人師時，懷抱的那種不切實際的理想主義。然而，後來在研究這些老師的時候，我偶然重讀了這段文字，結果意識到，我其實錯了。這不但不是虛幻不實，反而很實在，而且很根本。

比方說，在一個教室，我注意到有個學生從圖書館回來，帶了一本書。老師抬起頭，問他是否找到學習所需要的書。他開心地回答：「還沒。但我有找到一本書，滿適合給理查看的。」另一所學校，我看到四年級學生進行科學和倫理的哲學討論，前後一個多小時，討論得很深入，而老師完全沒有介入。在另一所學校，四個月的時間，我看到一個有情緒困擾問題的學生，在老師的用心安排下，幾乎不再爆發情緒失控的狀況。一旦少了自擾擾人的情緒狀況，自然而然就能融入其他同學一起「正常」上課。即便面對不饒人的考試壓力，這些老師還是找出各自的方式，發揮了各式各樣的課堂說話術，實現了歐萊莉夢想的一些目標。這過程絕非一路順遂輕鬆，而且除了老師本身的努力付出之外，當然也需要尋求其他學生的協助。

探索這些教師課堂說話術的本質，也讓我深刻感受到，孩子童言童語背後所蘊涵的意義與影響。因此，除了老師的課堂說話術之外，兒童本身的課堂語言使用情形，也是值得觀察探討的重點。我的同事蘿絲・

瑪麗‧韋伯說，她還在康乃爾大學念博士班的時候，有一次到某學校進行課堂觀察研究，任課老師介紹她給班上的一年級學童。其中一個女孩說，她父親將成為哲學博士。老師指出，蘿絲也是。這女孩立刻說，蘿絲不能是哲學博士，她只能成為哲學「護士」。如今，蘿絲已經晉身國際閱讀協會名人堂，當時的說法兩相對比之下，更是別有一番滋味。好笑之餘，不禁讓人有點感慨心酸。這位小學一年級的女孩無法想像自己可能成為醫生；毫無疑問地，她也不能想像哥哥成為一名護士。她會說出這樣的話，絕不是憑空而來，而是她整個人的存有已然沉浸在語言（或者更廣義的講，論述）所蘊含的意義環境中。

　　諸如此類的例子，孩子用他們自己的方式，讓我們見識到課堂用語的諸多面向。我們得問，什麼樣的言談歷史（discursive histories），使他們有可能做出特定的話語反應。舉例而言：

- 當老師問：「還有誰可能喜歡那本書？」什麼使學生可能有如後的回答：「可能是小柏……他，嗯，他不是那種愛笑的傢伙，他很少笑。讀這本書，他好像有笑喔！」（Allington & Johnston，2002，頁201）

- 為什麼學生如此描述自己：「在班上吊車尾，感覺真的很糟……。大多數同學都比我強……。還好有小威和我分到同一組，他並不在意，而且閱讀的時候，他總是幫我很多忙。」

- 為什麼在不同的班級，邀請學生談談自己是怎樣的讀者，和其他同學有什麼不同，有些人會回答：「我喜歡讀推理、冒險、懸疑的故事，還有我喜歡動物做我們日常行為的書（Johnston, Bennett, & Cronin，2002b，頁194）……。阿瑞喜歡讀球類運動，艾米喜歡讀馬和海豚……。小亞讀的和我非常不同，因為她讀的故事通常有圓滿結局，我讀的就像永遠沒有結局……。」

- 什麼樣的課堂對話，可能讓學生說出如後的回答：「〔最近〕我學到正確念出更多的生字。……讀得比以前更快。……我想學習正確念出更多的生字。」（Wharton-McDonald, Boothroyd, & Johnston，1999，頁2）

言談歷史對孩子的說話行為具有相當的影響作用，需要用心妥善安排。在這方面，教師扮演了關鍵的角色。談話是教學專業的核心工具。透過談話，老師在兒童的活動和經驗方面搭起通向意義的橋梁，幫助他們從學習、識讀、生活和自己當中，生成、體驗出諸多意義。

例子

在這裡，先讓我們稍事停歇、喘口氣，讀一段稍微完整些的課堂對話例子，希望有助闡明前述要點，領略箇中蘊義。這是擷取自「閱讀復原」（Reading Recovery）課程師生對話的逐字稿（Lyons，1991，頁209）：

> 馬老師：你說，「有個男孩向車上的駕駛『把』手。」我們
> 　　　　來看，這個字看起來像「把」嗎？
> 小梅：嗯，不太像。
> 馬老師：如果這個字是「把」，那要怎麼寫呢？你可以寫給
> 　　　　老師看嗎？
> 小梅用鉛筆在紙上寫出「把」字。
> 馬老師：很好，我們再看看這圖片上的句子裡面，這個字是
> 　　　　怎麼寫的？
> 小梅寫下「揮」。

馬老師：來，讓我們來看看這圖片裡，男孩在做什麼？車上的駕駛在做什麼？

小梅：他們在互相揮手。

馬老師：嗯，那你覺得這個字可能是什麼呢？

小梅：「揮」。

馬老師：所以，這兒用「揮」字，你覺得合理嗎？

小梅：〔點頭〕「男孩向車上的駕駛『揮』手。」

馬老師：「男孩向車上的駕駛揮手」，聽起來就合理了，對不對？

小梅：是啊。

馬老師：這個字的寫法看起來對嗎？

小梅：扌，軍，這個字是「揮」，沒錯。

馬老師：你自己想通了，真好。

關於上述師生對話，有幾件事情，讓我眼睛一亮：

1. 老師沒有直接告訴學生應該怎樣才是正確的（亦即沒有直接把標準答案強加或灌輸給學生）。

2. 老師一步一步透過生活化（貼近學生日常經驗）的脈絡，引導學生的注意力轉向找尋確認知識正確性的多重保證（證據和權威），並且注意到區別主觀感知和訊息來源之間的任何衝突是很重要的。

3. 雖然把問題想明白，是師生協同合作而達成的，其中老師扮演了主要角色，但是老師最後的一句話：「你自己想通了，真好」，把成就完全歸功於學生。這最後一個步驟，為學生提供了一個回顧敘事：在其中，孩子從頭到尾都站在主角的位置，在老師的從旁邀請下，一步一步地汲取個人生活世界的日常經驗，成功完成老師指出的任務。在這協力

合作的美好過程中，孩子由自己出發，進而也超越了自己。

　　這就是「讓意義發生：讓人發生」（Making Meaning: Making People）的成人之美教育發生歷程。下一節，我們將進一步闡述這方面的主題。

成人之美教育發生歷程：「讓意義發生：讓人發生」

　　當母親與寶寶互動，她從寶寶的「說話」行為，設法把可能蘊含的意義帶出來。事實上，這當中或許沒有太多需要用力去設想的地方，但這並沒阻止她投入和寶寶的對話。從寶寶發出類似「bem ba」之類的聲音，母親腦中喚起的是社交對話意圖，隨即回應：「寶寶，要喝ㄋㄟㄋㄟ？」就好像嬰兒不是隨意發出無意義的聲音，而是要傳達特定用意的話語行為，並相應作出回應。在彼此的關係上，她將嬰兒定位為有感情、社交對話的夥伴。在這過程中，母親和寶寶共同構建、發展嬰兒的語言和社交能力，並為其未來與他人的社會互動奠定基礎──嬰兒期望如何受到對待和互動（Rio & Alvarez, 2002; Scollon, 2001）。

　　課堂的情況，也是類似這樣。老師必須從孩子所說和所做當中，設法帶出某種意義，除了自己覺得有道理，也要讓學生可以理解。老師必須看情況，適時補充學生話語當中可能蘊含的意圖，並提供各種可能連結的世界、立場和身分認同。比方說，假設班上某討論小組已經亂成一團，不太可能再進行有意義的討論，老師就需要當機立斷，決定對學生說些什麼。她會說些什麼呢？

- 「那一組，馬上回去做你們該做的事，不然午餐時間不准下課。」

- 「你們這麼大聲，會吵到其他組。我覺得很無力。」
- 「你們有點反常喔！遇到什麼問題了嗎？若是這樣的話，那你們想想看，應該怎樣才可能解決呢？」

是的，沒有兩三把刷子，是沒辦法勝任老師工作的。每一種反應，都用不太一樣的方式來處理關於下列的問題：「我們現在在這裡做什麼」、「我們是誰」、「在這個活動中，我們相對關係的定位是什麼」，以及用什麼態度來看待討論對象和討論者的關係。每種不同的反應方式，都有可能改變後續互動的走向。為方便讀者參考，特將各種反應方式，以及連帶可能的影響後果，分門別類整理如表1.1，並附有簡要說明。

表1.1　教師對學生踰矩行為的各種反應方式，以及連帶的可能影響後果

老師的評述 評述回答的問題	那一組，馬上回去做你們該做的事，不然午餐時間不准下課。	你們這麼大聲，會吵到其他組。我覺得很無力。	你們有點反常喔！遇到什麼問題了嗎？若是這樣的話，那你們想想看，應該怎樣才可能解決呢？
我們在這裡做什麼？	勞作	合作	協作
我們是什麼人？	奴隸和主人	關懷彼此的夥伴	社會問題解決者 可欽佩的人
我們互相關係是什麼定位？	專斷控制	互相尊重，權力平等	設法解決我們的問題
我們和所做的事情有什麼關係？	迫於形勢，不得不做。	〔沒有什麼關係〕	〔沒有什麼關係〕

　　換言之，語言除了承載「內容」之外，還傳達了關於說話者的資訊、說話者看待聽眾的觀點，以及隱含設定的說者—聽者相對關係定位。根據哈樂戴（Halliday, 1994）的理論，這兩大類的語言功能，就是說話行為當中的「表意維度」（ideational dimension）和「人際維度」（interpersonal dimension）。話語之間總隱含著一種「邀請」，要求（甚至是推促）討論者投入參與特定類型的活動或對話。比方說，在教育場域，我們身為老師的人，如果只是一直問學童問題（或是對學生發問、質疑，流露出不耐煩、嫌惡、甚至不允許的態度），久而久之，我們就會成為唯一的發問方，而孩子則被推向答題者的位置。

外顯化

　　雖然語言有許多不同方式來發揮其影響作用，近年來，最常見的注意焦點就是教師用語的「外顯化」（explicitness）（Delpit, 1988; Kameenui, 1995; Pressley, et al., 2001; Pressley & Woloshyn, 1995）。當然，如果學生需要知道一些事物，老師也不應該自行假設他們「應該」已經知道了，就直接跳過不講，任由學生去瞎猜或胡亂摸索。我們常會假設學生知道某些事物，或者知道某些事物應該是怎麼樣，但其實並非如此。比方說，我們問幼稚園學童：「這個字結尾是發什麼音？」卻忘了許多人對語言發音的相關元素或原理並不清楚，甚至是毫無概念（Clay, 1991）。正如瑪格麗特・唐納森（Margaret Donaldson）在《兒童的心智》（*Children's Minds*, 1978）一書中指出：「對某些事物越熟悉，就越容易陷入自以為是的風險。影響所及，師生隔閡就越拉越遠，教學也益發滯礙難行。」

　　不同文化背景的人，在互動中常會遇到困難。最近我參加一場印度婚禮，期間就發生了不少糗事。在婚禮接待處等候進場時，我試著與其

他女性賓客握手，這使她們頗不自在，因為那不是印度婦女正常的問候方式，她們不習慣與男人有這樣的接觸。身處文化少數群體的經歷，有助於提醒我們，不同背景的人可能有非常不同的處理事情方式。對於主流教師來說，特別容易疏於注意到，來自不同文化背景的學生很難理解主流社會大眾的處事方式。我們位居主流優勢族群者往往習慣於特權，而不必面對這樣的衝突，逕自認定所有人的言行「理所當然」都和我們沒有兩樣。因此，我們不會外顯化，詳細交代我們如何做事情，因為談話的一項潛規則就是，對方應該已經知道的事物，你就無需多說了（Grice, 1975）。不幸的是，處於少數弱勢族群的學生時常得為此假設付出慘痛代價。

換句話說，很多情況下，我們其實可以提高外顯化的程度，亦即把事情交代得明顯些，但實際狀況卻往往不盡理想。比方說，當我們有心想要提高外顯化時，卻可能適得其反，越講越讓人混淆。因此，如果事情需要外顯化，那就得有思慮周延的配套，這一點很重要。然而，外顯化也可能衍生出許多複雜的後果，必須審慎考量因應。首先，我們不可能對所有事情全都予以外顯化。談話的潛規則要求我們外顯化的說詞應該將範圍縮限於，與談對象不知道或可能感興趣的事物（Grice, 1975）。這意味著，在決定什麼該外顯化的時候，有必要對聽者有一定程度的瞭解。就此而言，反應靈敏的教師確實對他們的學生有相當程度的瞭解（Allington & Johnston, 2002b; Johnston et al., 1995）。

在教育領域有一項預設就是，單純只是多一點外顯化，就能有更好的教學效果。這背後蘊涵的理念就是認為，語言只是訊息的傳輸系統，是用來包裝運送知識的工具。然而，語言並非如此。在社會互動中，即便短至每一個語音，都承擔了更多的工作。比方說，直接把事情告知人們，其實是有隱藏的成本。如果學生可以自己想通一些事情，老師卻直接提供訊息，那就剝奪了學生建立獨立和主體能動性的機會，而

這又會影響師生之間的關係定位。想想看，當你自己想通一些事情，在想的過程中自然有某種程度的興奮、刺激。幾次成功經驗下來，你可能會開始覺得，獨力把事情想明白是你真的可以做到的。或許，「我就是那種能夠獨自想通事情的人」，進而鼓勵發展個人身分認同中的主體能動性。反之，如果沒有先問過，就直接告知（美其名指示、教導）你該怎麼做，感覺就會不同。一遍又一遍，不明就裡，就被直接告知要做什麼以及如何做，久而久之，你對於自己能做什麼和不能做什麼，以及自己是怎樣的人，就會有不同的感覺，並且形塑出與前述截然不同的自我敘事。你的自我詮釋可能就是：「我是那種不能靠自己把事情想清楚的人。」這無疑是為什麼最近研究顯示，大多數有成效的教師都沒有花費大量時間在直接告知模式的教學（Taylor et al., 2002）。

　　身為教師，我們必須決定，針對哪些學生、在哪些情境下，必須設法將哪些事項外顯表明。很多時候，正如任何帶過青少年的人都知道，外顯化是因應抗拒的完美方式。後門通常比前門更有效。當然，有一些非常強大的學習，並不是光靠外顯化的指導就能促成。比方說，我們對男性氣質和女性氣質的意識，很少是透過外顯化教導適當行為、感覺和價值觀而建立的。相對地，我們在性別化的社會語言互動參與，則有更大的影響效應（Kondo, 1990; Lloyd, 1998）。透過本書，我將試著（盡可能外顯化？）解開兒童教育場域對話中的若干細節。

言說是一種行動

　　從許多方面來看，言說可以算是一種行動，就如同拿棍子打人或擁抱之類的行動（Austin, 1962）。舉例而言，牧師、神父、（猶太教）拉比、（伊斯蘭教）伊瑪目（iman，或稱阿訇）或法官，透過宣布兩人為夫妻這樣一句話，就使這成為事實。

　　再來，讓我們轉到教育場合。有一位教師宣布（命名）某個孩子爲「班級詩人」，邀請她披戴代表班級詩人的斗篷，這也有類似的言說行動效應。然後，這孩子就煞有其事地開始表現出她認爲詩人應該有的表現。我記得有一所城市高中的老師與一群學生在上課，其中一個學生剛寫好詩，老師稱讚說：「你眞是相當不錯的詩人。」在那之前，這位學生在學校的課業一直乏善可陳，經過老師的肯定之後，他開始在褲子後面口袋擺上一本詩集，也試著寫了更多的詩。透過宣稱這位學生是詩人，老師爲他打開了一道門，可以試著去探索讀詩、寫詩的可能性，並樂於以詩人的身分來展開進一步的諸多互動。

　　如此看來，語言雖然是「表現性的」（representational），可用來表現存在的對象；但不僅於此，語言還有「建構性的」（constructive）功能。實際上，語言眞的可以建構或創造現實，並邀請人們來採行特定的身分。舉例而言，告訴人家：

- 「你很聰明」，或是，
- 「你的思慮很周到」

　　這兩種說法就可能非常不同，分別引領受話對象針對「我是怎樣的人」，「像我這樣的人，會有怎樣的行爲舉止」等面向，建構出頗爲不同的自我形象。具體而言，在課堂上，諸如此類不同的說詞，會引領學生站上不同的自我形象定位，從而以不同的方式來看待老師（還有其他同學），以及和老師互動。語言會產生一種作用，將人們定位於彼此相對關係的角色（Davies & Harre, 1999; Langenhove & Harre, 1999）。例如，教師可能定位自己爲課堂上的知識提供者，而學生則定位爲知識接受者。經典的（而且，很不幸地也是無處不在的）例子，教師提出問題（而且老師已經知道該問題的答案），然後學生回答問題，最後再由老

師宣布學生的答案是否正確。教師可能將孩子定位為競爭對手或協力合作者，而老師自己則定位為裁判、評審、資源提供者，或許多各種可能的相對關係角色定位。教師選擇採用的遣辭用句、隱喻，以及互動對話，都有可能激發或引領學生站上各種不同的自我角色定位，這也會影響形塑課堂師生相對關係的角色定位。

同樣地，教師講話的方式也會影響學生，採取不同的定位，來看待他們在做什麼、學習什麼或研究什麼。說閱讀是「工作」，和說閱讀是「玩樂」，這兩種說法可能衍生的後續影響可能相當不同。同樣地，告訴孩子他們可以有自由運用的時間，「但在這之前，『必須』先讀完老師指定的閱讀素材」，單單只是使用「必須」這樣的字眼，就可能讓學生對閱讀的定位有了很不好的觀感。儘管人際關係定位會影響語言的運作，但是語言實踐也可能影響人們之間的關係，並因此影響他們對自己和彼此的看待方式。語言甚至可能結構化我們的感知，也就是對於我們大腦感覺器官出現的某種神經衝動組合，賦予特定的意涵（Luria, 1973; Neisser, 1976）。「話語以相當程度滲入感知系統」（Harre & Gillt，1994，頁169），此說殆無疑義。正如我們會主動尋求感官訊息，用以建構現實，我們也會主動尋新訊息，用來建構關於我們是誰的敘事，並確保其眞實性（換言之，就是要確保語言建構的自我敘事是反映眞實的自我）。

換句話說，教師（和學生）在課堂使用的語言眞的事關重大。本書的一個目標，就是要透過探索師生課堂對話出現的遣辭用句，來檢視該等語言運用方式如何發揮諸多重大的功能。這些遣辭用句對課堂對話發揮相當的影響力，進而也影響了學生的識讀和心智發展。

在本書接下來的各章節中，我列出教師使用（或可惜沒有系統化運用）的各種具建設性的遣辭用句，並解釋其重要性何在，以及如何可能發揮諸多重要的教育功能。我把彙整的這些短句分門別類，希望最後呈

現在讀者眼前的是概念上有用的分類。這當中有一些短句明顯是跨越多個類別，但我只能權宜劃分到某一特定章節，這一點還請讀者注意。再者，儘管這些遣辭用句只是師生課堂互動擷取下來的小片段，但是我認為這些例子是語言系族相當有代表性的範本，容或表面形式各有不同，但都具有一些共通的特徵和共通的社會語言學關鍵要素（Reichenbach, 1998）。

我對這些語言範例重要性的解釋（以及如何可能發揮諸多的教育功能），汲取自一系列相關學科，主要包括：話語心理學（discursive psychology, Harre, 1998; Harre & Gillet, 1994）、敘事心理學（narrative psychology, Bruner, 1994a; Eder, 1994; Fivush, 1994; Miller, 1994）、話語分析（discourse analysis, Davies & Harre, 1999; Wood & Kroger, 2000），以及會話分析（conversational analysis, Hutchby & Wooffitt, 1997）。與這些學門的核心理念一致，我也假設每次師生交流都提供了建構材料，得以幫助孩子理解各種各樣的語文識讀概念、實踐和可能性，並幫助塑造身分認同，因為每次交流都「變成一小篇的自我生命敘事」（Davies & Harre，1999，頁38）。然而，熟悉這些學門的讀者想必也會意識到，從一開始，我就讓自己有許多便宜行事的自由空間。例如，我在介紹說明這些語言片段時，給人的感覺彷彿其意義和用途都是可以獨立於脈絡或語境之外。事實上，我們當然不能這樣做。本書進行過程中，我會設法彌補修正這當中可能不盡周延之處，特別是補充在本書結尾的附錄部分。在此期間，我懇請你先遷就我一下。（如果你不想，那也沒關係，你可以直接前往「附錄一」，在那兒，我有提供較完整的對話脈絡和講解說明。）

第 二 章

注意和命名

語言是認知的基本條件，透過認知的過程，經驗成為知識。

——〈邁向語言本位的學習理論〉，哈樂戴（Halliday，1993，頁94）

人們經由師徒制來學習某種活動時，必須弄清楚該等活動的關鍵特徵，以及其重要意涵。嬰兒會經歷「這是什麼？」（"Wazzis?"）的階段，在這期間，他們發現事情有一致的名稱。（當然，他們同時也在學習，如何透過發問來控制社交互動，並從中感受這樣做的樂趣。）「注意」（noticing）和「命名」（naming）是人類溝通的核心要素，也是從事特定活動至關重要的能力。醫生需要學習，在何種狀況應該注意有否出現特定症狀、如何命名特定組的症狀群、如何區分藥物之間的差別、如何知道哪些藥物適用於哪些症狀等等。教師需要知道，如何分辨學習進展順利，以及何時不成功；還需要設法理解，孩子自創的說詞是要用來指稱他們所知道的什麼意思；當孩子在活動當中意興闌珊或沒有生產性，那可能代表有什麼狀況，諸如此類等等。老師的職責是要透過營造社會化的情境，引導兒童注意到各種領域識讀和學習的重要特徵。

這種模式識別的影響力非常強大。一旦我們開始注意到某些事情，便很難不再注意到它們；知識確實會影響到我們的知覺系統（Harre & Gillet, 1994）。再者，同樣的事物也可能有不同的命名方式。不同的治療學派注意到不同的東西，並賦予症狀不同的意義或重要性。不同的教學派別也是一樣。秉持不同教學架構的教師，對於孩子異於常態的讀音或寫字模式，可能會給予不同的名稱。在某些社會中，可能有很多可用來描述心理事件或狀態；在另外一些社會，相對可用的詞語數量則很少。在某些社群，談論和識別感覺是很普遍的。感覺也是社會化的——我們經由社會互動而學習各種感覺是什麼，或者更確切地說，我們經由

社會互動而取得各種感覺的意義。我們的身體對事件做出反應，在我們與他人的互動中，我們學習特定的情緒反應是怎麼一回事——給予名稱、意義，甚至判斷我們是否應該談論之。我們還會學習辨別，各種感覺或情緒反應在特定的情境之下是否合宜。在我們的幫助下，兒童擴大和學習控制自己的注意力，注意系統在許多方面可稱是「知識獲取的把關機制」（Gauvain，2001，頁70）。基於此等理由，我特別希望他們注意語言及其意涵。

　　雖然注意和命名事物是學徒制的核心部分，有些時候，我們也學習東西，但並沒有給予命名，甚至也沒有真正意識到。語言就是一個完美的例子。我們習得語言，到了小學的年紀，我們已經擁有相當可觀的語言能力。但是，在此同時，我們基本上並沒有意識到這點。這並不是說，孩子完全沒有「語言意識」，事實上，在某些時候，他們已經能夠使用語言來說謊和開笑話，也就是說，他們知道可以使用語言有意識地編造出與事實相違的情況。然而，許多孩子高中畢業時，他們的語言意識並沒有太大的長進，以至於沒有足夠能力管理語言對自我和他人的影響。結果只能任由廣告商、政客、作家等的操縱、擺布。再者，也沒能意會到「話語歷史」對自己的影響。由於不理解這些影響關係，他們無法處理語言揪扯不清的社會正義問題。因此，幫助孩子注意這些事情，就成為老師責無旁貸的重任。我們不可能事事注意到無微不至，但仍應居中提醒並引導學生瞭解有什麼是值得注意的，以及為什麼值得注意。而且這樣的責任也是值得老師和學生分享的。說真的，孩子終究是彼此最好的助手，不是嗎？他們注意到的越多，越能夠幫助班上其他同學注意，老師也就越沒有需要搬出「聽好，我說的才重要」的身段。

　　接下來各章節，我會分門別類介紹教師課堂言說的範例，示範說明該等言說對個別學生和課堂溝通的影響。在每個例子當中，先是以教師的說話「老師好好說」作為副標題，然後分析其意涵和可能的影響或效用。

> ❋**重點提示**
>
> - 注意和命名。
> - 老師營造社會化情境，引導孩童注意各領域和學習的重要特徵。
> - 注意、命名自我和他人的情緒反應。
> - 注意管理語言對自我和他人的影響。
> - 注意話語歷史對自己的影響。
> - 孩童彼此幫忙引導注意、命名。

老師好好說2.1：「有人注意到……？」

這則「老師好好說」，邀請孩子注意，有一部分的用意乃是要幫助他們看見有什麼事情可被注意到，並給予注意到的事情適切的命名。比方說：

- 有人注意到……任何有趣的話嗎？
- 有人注意到……任何新奇的標點符號用法嗎？
- 有人注意到……任何字詞有點相似嗎？
- 有人注意到……任何新的版面編排方式嗎？

邀請孩子注意彼此的行為，也可能協助他們從中學習、受益，例如：

- 是否有注意到，有人嘗試……他們喜歡的一些新詞？
- 是否有注意到，有人嘗試……一些新的標點符號用法？
- 是否有注意到，有人嘗試……不同的寫作？
- 是否有注意到，有人嘗試……不同的閱讀方式？

- 是否有注意到，有人……創造新的角色？

這樣的問題主要用意，就是讓孩子能夠習慣成自然，去嘗試各種新的可能做法，跨越自己能力所能掌握的範圍。注意──變得有所意識到──關於語文識讀世界，關於自己和他人的諸多可能有待觀察之處，可以幫助孩子不至於囿於己見，只是固著於各自習以為常的觀點，而能夠跨出個人框限，展開互相交流學習的對話。

老師好好說2.1：
「有人注意到……？」

- 邀請孩子注意有什麼可注意，並給予適切命名。
- 邀請孩子注意彼此的言行，協助從中學習、受益。
- 注意──變得有所意識──關於世界、自己和他人諸多有待觀察之處。
- 幫助孩子不囿於己見，跨出個人框限，展開互相交流對話。

老師好好說2.2：「我有看到你懂得正確寫出那個字詞的開頭。」

當有孩子在讀、寫時出現錯別字，例如：把「脈搏」寫成「脈博」，或是把「無心出岫〔ㄒㄧㄡˋ〕」念成「無心出ㄧㄡˋ」，老師該怎麼回應呢？在這種情況下，最重要的是去確認已經有哪些部分是讀、寫對的（所以將來可以放心重複），在此同時，還要記得肯定

孩子的能力，讓孩子有信心進一步去嘗試新的學習。瑪麗·克萊（Marie Clay, 1993）指出，關鍵就是要引導學童把注意力放到「正確的部分」，這很重要，不容小覷。

把注意焦點放在正面的部分，這其實不是什麼新穎的玩意兒。只不過，有時候還真的滿難做到的，特別是孩子的反應和你的期望落差甚遠的時候。事實上，我們越是執著於期望和標準，就越難注意到有哪些部分其實已經不錯了。我記得有人曾經請教我，三年級學生應該有怎樣程度的拼音或寫字能力。當時我就很納悶，老師知道所謂的學生拼音或寫字程度，如何可能幫助教學，抑或是反而更可能造成阻礙。當然，依照「常模期望」或「標準答案」來實施教學，意味著某些學生將可獲得很多正面的反饋（但不一定是任何新的學習）；相對地，其他的學生則可能承受大量的負面反饋。比這更重要的是，老師應該注意到，而且還能幫助學生自己注意到，他們當下做得很好，特別是他們正在邁向自我突破點前進。所謂「自我突破點」就是，超越自己目前已知的範圍，跨越擴展出去，產生「即便只是部分正確、未臻完美」的某些新東西。這乃是邁向新學習的跳板。

先注意到正確或合理的部分，是有益智識發展的知覺傾向。老師除了應該自我加強之外，也需要努力擴展給學生，使其養成如此的有益傾向。比方說，如果我們想導正學生寫作中不太正確的詞，可以試著先指出該詞當中的正確部分，接著再請學生找出不太正確的部分，探索嘗試其他的寫法，這就是「切割問題」的策略運用。我們可以將同樣的原則，應用於各式各樣的社會實踐和語文識讀實踐，譬如分析小組學習過程（我們在本書稍後將會看到）。

這種先聚焦注意正面的話語實踐很重要，再怎麼強調也不為過。這樣的孩子，「幸福感」比較踏實，比較不會講述涉及負面後果或負面感覺的敘事（Eder, 1994）。在社會情境中，引導兒童將注意力聚焦

在他們獲得成功的地方，也比較可能產生「自我效能感」（self-effi-
cacy, Bandura, 1996），目前有越來越多論者普遍稱為「主體能動性」
（agency，請參閱第4章）。

老師好好說2.2：
「我有看到，你懂得正確寫出那個字詞的開頭。」

- 先引導學童把注意力放到「正確或正面的部分」。
- 不要急著或執著於常模期望或標準答案。
- 幫助學生自己注意他們正在邁向「自我突破點」。

策略運用：切割問題

・先肯定學生成功、正確或理解的部分→
・請學生找出不太成功或不太理解的部分→
・鼓勵探索嘗試其他的方式。

老師好好說2.3：「還記得開學第一週嗎？大家都低著
頭，靜悄悄地；現在，不用老師催，你們就自動自發，討
論好熱絡。」（Day，2002，頁105）

　　很多時候，教師會設法促使孩子去注意個人的「學習歷史」，讓孩
子經由對照過去和現在，從而看見自己在社群成員、學習者、讀者和作

家等身分當中已經有所變化。透過這樣的學習歷史角度，就可以揭示他們正處在成長、轉化的進步過程中。可以運用的問句包括：

- 「你在作家身分方面，有什麼樣的改變？」
- 「你認為，接下來需要在哪些方面努力？」

教導孩子把注意力看向學習和行為方面的改變進程，優點是孩子們可以預期未來的學習展望。正如我們在下一章會看到的，一旦孩子感受到他們正在持續學習，並且看見學習成果的實質證據，教師就可以詢問他們的學習歷史細節、對於未來學習期望展望的細節，以及他們對於這些學習期望有什麼管理計畫。

老師好好說2.3：
學習歷史的視野

- 對照過去與現在：揭顯個別學生的成長、轉化進程。
- 展望未來：對未來的學習期望；實現該等期望目標的管理計畫。

老師好好說2.4：「這是什麼類型的文本？」

要求學生分辨文本的類別屬性，意味著還有其他不同的文本類型需要注意。這打開了關於事物分類的對話，箇中包括闡明分類的邏輯。比方說，你可能會問某些文本是同一類，還是不同類：「你有讀過類似這

本書的其他書籍嗎？」「關於這一個主題，還有其他不同類型的文本嗎？」金・杜哈梅爾老師請學生想想，正在讀的是屬於哪種文類，然後「自己把所讀的文本，依照文類分成若干組」（Ivey，2002，頁67），這促使班上學生針對文類的定義和界線展開討論，擴大了每個人對於文本結構的理解。

另外一個班級的學生，為了要寫作推理故事，因此針對推理故事的各種議題進行研究。崔西・班尼特老師問他們：「《貝利學校小子》（*Bailey School Kids*）系列童書與《棚車少年歷險記》（*Boxcar Children Mysteries*）有什麼不同？」在接下來的討論中，包括談到推理主題的電視節目，孩子們探索了若干種書籍的文本結構，並繪製了一張圖表，摘述他們對推理故事文本組織的討論結果。在討論中，崔西老師說：「好了，現在請大家說說，推理故事有哪些元素。在故事一開始，作者介紹角色，然後呈現設定的場景，接下來若干事件陸續發生，並且在某些地方安插線索。請你們試著參考使用這些元素來說看看。」（Johnston, Bennett, & Cronin，2002a，頁154）。再一次，命名和注意是攜手並進的，命名使得有可能聚焦討論，並減少混亂。

老師好好說2.4：
「這是什麼類型的文本？」

- 分辨文本類別。
- 注意其他不同的文本類型。
- 闡明分類的邏輯。
- 針對文類的定義和界線展開討論。
- 命名和注意攜手並進。

老師好好說2.5：「小C，你知道你剛才做了什麼嗎？我聽到你說：『她會不會閉嘴啊！』這就是小Z心裡想說的，你或許沒有意識到，但你做的就是設身處地。」（Johnston, Layden, & Powers，1999，頁20）

這則「老師好好說」，是一種具有建設性的認知策略，得以吸引這位學生的意識，以及全班的注意力。如果沒有這樣的介入，有些不經意的不好行為可能就已經被忽略，就像沒事一樣。兒童（成人也一樣）常常做了某些事情，卻沒有意識到自己做了什麼。像這類不經意的自動化舉止，是相當有效率地使用心理資源的方式，因為不會消耗我們有限的有意識空間。但缺點是，當我們遇到問題而訴諸自動化的反應時，我們並不記得自己做了什麼，下次再遇到類似的狀況，可能就不會有意識地選擇付諸該等策略行動。老師給小C的這段提醒，就是透過把當事人不自覺的內心事件外顯化，從而打開了討論其影響意涵的可能管道，使得個人被遮蔽的心理技巧有機會外顯化，成為個人和社群能夠有意識運用的未來資源。

此外，這個評論還做了其他幾項有用的事情：(1)向小C指出（暗示），他所做的是身為讀者的明智舉動，並且讓他有機會聲稱個人具有該等能力和主體能動性；(2)打開了從小Z的觀點來討論故事的可能性，並提醒注意到故事總是從某種觀點呈現，而且有些觀點可能比較不凸顯，容易被其他觀點掩蓋。換句話說，它打開了批判素養的核心對話。

老師好好說2.5：
「設身處地」

- 把當事人不自覺的內心事件外顯化。
- 打開討論其影響意涵的可能管道。
- 使遮蔽的心理技巧有機會外顯化。
- 成為個人和社群能有意識運用的未來資源。
- 多元觀點。
- 批判素養。

老師好好說2.6：「我想要你們告訴我，小組討論進行得如何？……有哪些地方進展順利？……有提出什麼討論問題嗎？」（Johnston, Bennett, & Cronin，2002a，頁150）

這幾個問句串連成的「老師好好說」，涉及有關注意和命名的若干重要面向：

1. 崔西老師引導學生注意小組討論的過程，正如我們將看到的，這對於管理和安排建設性學習區域至關重要。

2. 詢問有哪些地方進展順利，邀請學生把注意力先放在討論過程的生產性（主體能動性）面向，以便鞏固堅實的基礎，以及建立生產性的社群學習身分。回顧檢視小組討論經驗，建構成正向敘事，從而讓群體對該等經驗產生親和的連結關係。

3. 她引導學生注意，問題有各式各樣不同的類型，就如同文本、作

者、語詞等等也有許多不同種類一樣，以及如何去注意和談論各種類型的問題（或文本、作者、語詞等等），這些都是批判素養的重要元素。

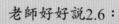

老師好好說2.6：

「注意小組討論過程，這對建設性學習區域至關重要。」

- 邀請學生先注意討論過程的主體能動性面向。
- 注意問題有各式各樣不同的類型。
- 注意和談論各種類型的問題。
- 批判素養。

老師好好說2.7：「寫下你希望你有寫的文字。」

這句「老師好好說」，邀請孩子把注意力轉向文字的本質，在此同時，隱含意味著（實際上，是堅持），所有孩子很明顯地都想要寫出精彩的文字──都想要成為真正的作家。因此，這就打開了一道大門，讓孩子看見自己真的是有可能寫出精彩的文字，特別是如果教師有在兒童的寫作或說話當中，注意到他們精挑細選的用字。比方說，「我注意到，你使用的主要線索，很像派翠西亞·麥蘭赫蘭（Patricia Maclachlan）《跟著爺爺看》（*Through Grandpa's Eyes*，遠流出版，1998）書中的寫法」，這就命名了主要線索的概念；再者，這也顯示這個學生的寫法，乃是其他作者（可能是滿有名的作者）都會使用的。在此同時，它給出了一個名稱──主要線索，這就可以成為隨後討論的一項焦點主題。

另一個場合，在重複讀了一個句子之後，同一位老師說：「哦，我喜歡這個句子。」（Johnston & Backer，2002，頁44）透過如此的說法，她做了她要求學生去做的事情。她繼續透過社會化的情境安排，將學生的注意力引向語言，打開了可以投入分析的空間，但她也表達了對語言的清楚情緒反應。教學研究經常錯誤地忽視了教師的情緒反應，但老師的情緒反應其實是很重要的。即使幼小如嬰兒，他們也會使用社會互動場合他者的情緒指標，作為重要的環境信息來源（Repacholi，1998）。雖然「喜歡這個句子」明顯可以看出是一種情感反應的口語表達，但所有的對話互動其實都承載了或多或少的「情感元素」，而且孩子對於箇中情感元素的注意程度，絕對不下於任何其他的信息來源。

老師好好說2.7：
「寫下你希望你有寫的文字。」

• 肯定所有孩子都想寫出精采文字，都想成為真正的作家。
• 注意、命名語言當中的情緒元素。

老師好好說2.8：「你注意到了什麼？……還有其他讓你感到驚喜的模式或事情嗎？」（Johnston & Backer，2002，頁181）

在瓊·貝克老師任教的四年級班上，每天早上第一堂課開始的時候，學生或老師會挑選一個字，作為「每日一字」，寫在小白板上，連同其意義和任何可供辨識的特徵，譬如：夯。當天下午稍早的時候，老師就會把那個字遮起來，要求孩子們在卡片寫出來。然後，她把大家寫

好的卡片全部收齊，陳列在黑板上，讓他們看看大家的各種寫法。她問學生們：「你們注意到了什麼？」然後再問：「還有其他讓你感到驚喜的模式或事情嗎？」（Johnston & Backer，2002，頁181）接下來，她要求孩子們檢視文字的邏輯，還有大家的寫字策略。不過，每日一字最首要的用意，是要孩子們選擇有趣的字，去找尋、注意文字當中的新奇性。單單這樣，就足以擴大他們的字彙範圍。她也有問他們，可以去注意某些文字不尋常的用法。例如，在討論詩歌的時候，她就問過：「這些詩歌裡頭，有沒有任何你喜歡的字詞或成語，或你希望你有寫的字詞或成語？」

注意這兩個評論如何假設「你」的某種特質，那就是，你是很會注意事情的人（這很明顯，所以不需要我說出來，而且你也不可能反駁）。你是（同樣明顯）那種想要寫出有趣事情的人。這些教師課堂說話術，邀請、啓發學生建構特定身分認同，我們將在下一章再回過頭來進一步提出探討。

兒童要培養語文能力，必須先學會辨識文章的重要特徵——文章是如何組織的（字詞、成語、論述、結構、標點符號等等）、文章如何與口語相關、如何辨識作者用來吸引讀者的文字把戲、何時使用哪種文類的語言等等。然而，沒有任何學習者能夠單獨依賴教師來教導所需要注意的一切事項，所以，教師必須教孩子尋找可能性。我們引導孩子把注意力放到文本，單詞和聲音中的不同模式、印刷圖書如何不同於插圖、版面如何配置等等。我們還會教他們，注意到這些模式之餘，還知道如何運用該等模式，但首先他們必須能夠注意到它們。我們不可能亦步亦趨，要他們去注意到每一個模式或特徵；而且即便可能這樣做，我們也不想，因爲最終還是希望他們能夠養成習慣，主動去注意到該等事物。

當孩子在課堂上能夠自然而然地注意和命名指出「命名」模式，教學就變得容易多了，老師也不再是知識的唯一來源。比方說，二年級老

師亞當斯班上的學生觀察到：「你們有注意到，很多書裡都有狼嗎？」（Adams，1995，頁115）另外，一年級老師默菲請班上學生注意，討論的音量不要太高，有個孩子注意到她使用「嘰嘰喳喳」，他指出了擬聲語，也注意到字詞的較小組成單元。這些例子表明，在類似這樣的班級中，孩子們學到了他們所注意到的事情是重要的，並且是有價值的對話主題。換言之，這意味著當他們注意到某些東西，那都是值得提出來討論的（即使是在奇怪的時間點也不例外）。

從孩子的觀察，而不是從教師的觀察開始，有許多優點。在嬰兒研究中，這稱為「注意跟隨」（attentional following）。母親有做注意跟隨，嬰兒的字彙能力發展會比較好；相對地，母親沒有做注意跟隨，而是經常試圖讓孩子注意他們認為重要的東西，也就是需要嬰兒「注意轉換」（attentional switching, Dunham, Dunham, & Curwin, 1993; Tomasello & Farrar, 1986），嬰兒的字彙能力發展就比較差。當孩子注意到事情時，教學就可以從師生雙方注意的共同焦點開始，因為孩子已經有注意到了。

有一次，我看到瓊·貝克老師針對英文草寫字母進行了一堂很出色的教學，但過程絲毫沒有給人說教的感覺。她向四年級學生解釋說，她在讀班上同學手寫的一些英文草寫字母時遇到了問題。她先在黑板掛上了一幅英文草寫字母表的海報，然後邀請大家集思廣益，幫助設計一些教學計畫，以改善大家的手寫字體。她問他們，從什麼地方開始比較好。同學們開始腦力激盪，提出許多想法，貝克老師就在白板掛紙上記錄下來。在這過程中，他們討論了許多問題，包括：

- 哪些是不好寫的字母（什麼原因造成該等字母不好書寫）？
- 哪些字母容易混淆（什麼原因造成混亂）？
- 哪些策略可能提高教學效率？

- 哪些是最常見的字母（如果有不同的意見，就需要委員會進一步調查）？
- 哪些字母有很多共同點，因此合併一起教學，應該會得到最理想的教學進度？

　　在這充滿社會互動的過程中，孩子們互相引導注意到英文草寫字母的諸多特徵，而老師只是從旁幫忙稍加整理一些細節。他們完成了字母分類的任務，要將字母分類，需要注意到各種顯著的特徵，予以命名，再根據該等命名的特徵來進行分類。

　　上面的「注意」問題，還有第二部分，其重要性反映在其他原因，如後：「還有其他讓你感到驚訝的模式或事情嗎？」頻繁使用「還有其他的……嗎？」促使學生養成習慣去找尋多種的可能性，建立靈活性。有關靈活性的主題，我們將在稍後章節再作進一步探討。但「驚訝」部分特別重要。我們特別希望孩子注意驚訝的感覺，這是很好的指標，指出可能有相互矛盾的模式或理論。這種衝突爲概念學習提供了很好的管道，因爲它們要求我們重新思考理所當然的事情（Schaffer, 1996）。不舒服或不安的感覺，也可以是有用的指標。通常我們會掩蓋該等感覺不予理會，而不會積極去處理引發該等感覺的源頭，譬如，我們目睹社會場合的錯誤行爲或不當現象。

　　瑪麗・克萊指出，注意這些感受也關係到建立內控和自我擴展系統，這是自我驅動和自我檢查的學習系統。當孩子在閱讀時遇到麻煩，老師說：「怎麼了？有哪裡沒什麼道理，是嗎？你能怎麼處理呢？」老師這就是在幫助他們注意內部信號，並斟酌如何來回應。這樣一個自我驅動和自我檢查的學習系統，當老師不在身旁提點、引導時，也能夠自行啓動、運作。幫助兒童利用直覺來瞭解自己和世界的更多信息，也可能有助於另一種現象。根據邱吉爾的說法：「人生難免會碰上讓人跟蹌

的真相，但大多數人趕緊讓自己腳步回穩之後，隨即揚長而去，彷彿沒事發生一樣。」（引述於Brashares，2003）其實，如果能夠注意身體上出現的驚喜或不安的感覺，把握學習的契機，設法釐清造成驚喜或不安感覺的源頭癥結，就可能有助於我們減少這方面的問題。

注意和命名，對於批判素養有重要的意涵和影響。最基本的，孩子必須注意到命名是如何進行的、哪些人被命名為什麼，以及那些人有權來命名等等。我記得有一次，我們在晚餐時討論到「skank」[1]這個字，其中討論了這字的涵義，哪些人會使用這樣的字、為什麼使用，以及在男性方面有哪些東西約略等於這個字。我們或許可以說，這就是注意我們所做的命名。此外，我們還必須幫助孩子以及我們自己，去瞭解名稱（類別）如何與特定的定義產生連結。比方說，我問一個孩子：「班上有不同程度的讀者嗎？」他回答說：「有些好像不太好，有的比較好。」（Johnston，1999，頁30）聽到孩子這樣回答，應該讓我們在心裡喊停，反思在此之前，我們是否說過類似如後的話：「我很為你感到光榮，你自己想通了閱讀的內容，檢查所用的字詞是否恰當。這些是『好讀者』會做的。」（Lyons，1991，頁214）雖然這種說法指出了學生正在使用的策略——這本身就有其重要性，讓學生知道在哪些方面做得很好，肯定其解決問題的方式，確認某人是好的讀者等等——但是在此同時，這也等於是確認了好壞二分法是可以用來描述讀者的合理方式。這也打開了「誰是壞讀者」，以及「你怎麼知道」等問題的思辨空間，容許有多種可能的答案，而不再是完全取決於老師，或教育權威當局公布或頒定的標準答案。「好壞二分法」不是命名讀者和作家的唯一方式。事實上，我曾經問一個四年級學生，她班上有誰是好作家或壞作家，以便我可以進一步問她區分好壞作家的判斷標準。結果，她只回答

1　譯注：skank，美國俚語，指行為不檢點、水性楊花的女人。

說：「我不喜歡那樣想。」言下之意，這似乎表達了：「這不是個好問題，我不想討論。用這種方式談論作家是不應該的。」從道德的意涵來看，這樣的反應可說等同於告訴社會地位更高的人，他們剛剛講了種族歧視的笑話。克蘿伊和來自類似教室的孩子們認為，如果要分類的話，其實可以根據讀者和作家的興趣、風格和文類等等，而區分成若干類別。我知道，這當中難免會有見仁見智的爭議，因此在上述例子中，如果我們簡單說：「這就是讀者會做的」，而不加上好、壞之類的評價（譬如：「這些是『好讀者「會做的」）」，或許會比較好些。

透過老師在注意和命名方面的課堂對話術運用，孩子們學會了關於世界、自己和他人的重要特徵。這些理解影響他們如何對待彼此和他們的環境。為了公正社會的理想，我特別關注兒童對自己和他人的命名，以及他們對該等命名之來源和影響的意識。

> ### 老師好好說2.8：
> ### 「你注意到……，還有其他……？」
>
> - 假設「你」的某種特質。
> - 培養語文能力，學會辨識文章的重要特徵。
> - 學生養成習慣去找尋多種可能性，建立靈活性。
> - 養成習慣，主動去注意、命名。
> - 老師不再是知識的唯一來源。
> - 注意驚訝、不舒服或不安的感覺，有用的指標。
> - 建立內控和自我擴展系統，自我驅動和自我檢查的學習系統。

> - 批判素養。
> - 小心提防好壞二分法。
> - 注意和命名的課堂對話術運用。
> - 孩子們學會關於世界、自己和他人的重要特徵。
> - 這些理解影響他們如何對待彼此和環境。

延伸

　　為了探索有關注意和命名的概念，我推薦凱蒂‧伍德雷（Katie Wood Ray）的《珠璣妙語：小學課堂的作家和書寫》（*Wondrous Words: Writers and Writing in the Elementary Classroom*），或雷夫‧佛萊契（Ralph Fletcher）的《作家寶典》（*What a Writer Needs*）。他們在書中，命名指出作者運用的寫作技巧細節。在這裡，請試著將本章討論關於注意和命名的諸多對話術，應用於下面的例子，這是擷取自《珠璣妙語》的一段師生對話，學生伊恩的作文遇到瓶頸，凱蒂老師從旁提供協助，邀請他試著想像自己是作家，然後從這裡開始切入。他們一起檢視他的筆記本，以下就是他們的對話：

　　凱蒂：伊安，你這裡寫的這段文字，我看起來好像你有一段
　　　　　小插曲之類的東西。感覺你腦子裡一定還有很多小小
　　　　　的場景，關於你和爵士（他的狗）共度的時光。我說
　　　　　對了嗎？
　　伊安：沒錯。
　　凱蒂：我想，你或許可以試著玩玩小插曲之類的結構寫法，

看看會發生什麼。想想看，你有一段寫到你和爵士，
那是不是有點像我們看過的辛西亞·勞倫特（Cyn-
thia Rylant）的《山中舊事》（*When I Was Young in
the Mountains*）（1982；遠流出版社，1992）。你還
記得嗎，當時我們談論到勞倫特是如何運用若干小插
曲寫成的？（頁259）

她想像一些小插曲，作爲勾起伊安回憶的可切入點。然後，

　凱蒂：嗯，太棒了！你現在需要一些方法，也許類似勞倫
　　　　特使用的重複出現的短句，把這些小插曲整合起來。
　　　　（頁260）

　　然後，她拋出伊安感興趣的一些想法，讓他作爲可以開始切入的地
方，並給他建議一個計畫：

　凱蒂：那麼，我會做兩件事。首先，我會把《山中舊事》拿
　　　　出來重新看一遍，看看勞倫特如何寫這樣的文章。然
　　　　後，我會在你的筆記本列出一個表格，寫下你可能用
　　　　來描寫你和爵士共度小場景的構想。你覺得這樣OK
　　　　嗎？（頁260）

第 三 章

身分認同

> 當孩子使用故事，宣稱他們的身分為男孩、「硬漢小子」，那些故事，在某種意義上，也等於宣告了對他們的占有權。換言之，男孩們也就承襲了宰制文化故事所再現的硬漢小子說話的形象。
>
> ——《為什麼需要故事：課堂與社區的文化多樣性》，
> Dyson & Genishi（1994，頁4）

在課堂上討論同學的寫作時，小文有如後的觀察評論：

> 「說到有趣的部分，傑西寫得真的很好玩，他寫了很多魔幻的東西……。榮恩是相當好的作家……他繪畫比寫作更好一點……艾米麗〔在她的神祕故事〕給了很多細節。她描寫角色……非常好的推理故事，因為它有一個要點，還有一些東西，讀者必須自己去猜。」（Johnston, Bennett, & Cronin，2002b，頁195）

在前面摘引的評論過程中，小文給自己和同學的「身分定」，完全等同於他看待班上所閱讀書籍作者的態度。老師在營造課堂對話環境方面的安排，也幫助小文發展理解作者會做什麼事情，並進一步鞏固和深化他的作者身分認同。在此同時，因為他看待並尊重班上同學為各具特色的作家群，如此也進一步鞏固了他們的作家身分，並肯定個別同學的作家實力和差異特色。在這樣的教室裡，孩子正在學習成為有識讀素養的個體和社群成員：他們不只是在學習語文識讀技巧，更重要的是，他們正在發展個人和社會的身分認同——獨一無二的個性（uniqueness）和社群歸屬的成員屬性（affiliations），這也是定義他們看待自我在世上所能成為的特定人格形象。

　　作家寫小說時，他們創造角色，透過這些人物來進行言談、行動，並以各種方式連結其他的人事物。當我們閱讀小說，試圖去瞭解箇中角色的豐富性和複雜性，我們會期待，他或她在面對小說呈現的情境時（儘管也不無可能出現意料之外的峰迴路轉情節），應該要表現得就像是處於該等情境的可能言行。這不只是出於作者的意圖，更是個別人物置身特定情境用自己的方式所做出來的（Bruner, 1994a, 1994b; Harre & Gillet, 1994; Mishler, 1999; Randall, 1995）。他們敘述各自的生活，認同自己的角色身分和處境，以各自認為和自己身分一致的方式，表現言行和解釋事件。

　　建立身分認同意味著，在自己身上看到特定類別（和角色）的特徵，並發展身為那類型的人可能會有的感覺，以及特定的社群歸屬感。兒童在參與投入課堂互動時，他們會建立和嘗試若干不同的身分——不同的主角立場。比方說，當他們在講述故事時，使用代詞「我」，就代表他們正在做身分定位的建立和嘗試之類的事情。正如我們稍後會更詳細看到的，他們不僅決定他們在給定的語境脈絡中的身分類別（例如：小孩、學生、讀者、作者、知識探究者、知識建構者等等），而且也會決定是要採取主動和承擔責任的主體能動角色，抑或是比較被動而無需承擔責任的角色。他們必須針對正在學習的是什麼、所處的社會環境中有哪些人，以及實踐的領域類別等面向，綜合來決定得以採取什麼樣的身分角色立場。教師的課堂對話術可以提供孩子建設性的身分認同，並且協助促使他們更可能採取該等立場。

❀重點提示

- 老師營造安排課堂對話環境，幫助學生發展理解、鞏固和深化身分認同。
- 瞭解故事角色的豐富性和複雜性。

- 建立身分認同：在自己身上看到特定類別的特徵，並發展該等身分可能會有的感覺，以及特定的社群歸屬感。
- 自我在世上所能成為的特定人格形象。

老師好好說3.1：「你真是好有才華的年輕詩人。」

這一系列的互動是要回應關於兒童的身分發展，包括運用邀請的方式，例如：「現在你是科學家，你會如何處理這種情況？」要回答這樣的問題，孩子必須想像自己（至少暫時）就是科學家，並且讓自己維持如此的身分狀態。再一次，請注意，學生是科學家（「身為科學家」）的聲明是給定的（大家同意的），而不是新的信息，因此就比較少有爭辯的空間。這種對話需要學生理解合乎詩人（或科學家、數學家、作家等）身分的行事特徵，再根據該等理解來投入課堂對話和行動。

當然，僅只提供建設性的身分標籤是不夠的，另外還需要有其他的配合條件。在某教室，教師自稱為「資深研究員」，學童稱為「研究員湯姆（或其他學生名字）」，每堂課開始總會宣稱「我們是研究員，讓我們來做研究……」（Elbers & Streefland，頁39）當兒童認為教師的角色是要告訴兒童答案，這個回應就是導正觀念，讓他們明白，「設法自己回答問題，才是身為研究人員應有的作為。」（頁41）這種回應鼓勵孩子培養社群集體認同，「像我們這樣的人」就應該採取這樣的做事方式。這也否決了孩子們通常假設的框架：「我們是傳統的學生，你是傳統的老師，我們在上學接受教導。」就效果而言，這就等於是回答：「不好意思，但你肯定是跑錯劇場了。我們這裡沒有那樣的演員，也不演出那樣的劇情。這兒的劇本是這麼走的……」這聲明，「從現在開始，當我在對話中提到『我們』，我指的就是這種人。」

　　協助孩子建立研究社群的研究者身分認同，乃是學校教育的一項重大成就；這種身分認同也是塑造兒童參與課堂活動的教育工具。此等身分認同爲學生提供了責任感，以及合宜的行動方式，特別是對於彼此和學習對象的責任及合宜對待方式。這些身分隱含著社群的概念，因爲身分連結著兩種屬性：獨一無二的個性和社群歸屬的成員屬性（Gee, 1996）。在這樣的課堂上，老師並不僅是在講授學科教材。而是如El-bers & Streefland（2000，頁37）所說，數學老師是在「數學化：將日常議題轉化爲數學問題，並運用這些活動演化而來的數學來解決現實生活的問題。」以這種方式來學習科學、寫作、數學等，打破了學校和「現實世界」的分野，使其不再是限制兒童學習力量的鴻溝。

老師好好說3.1：

「你是……」

- 提供建設性的身分標籤。
- 邀請理解特定身分的特徵，投入課堂對話和行動。
- 協助孩子建立研究社群的研究者身分認同。
- 培養社群集體認同。
- 獨一無二的個性。
- 社群歸屬的成員屬性。
- 打破學校和「現實世界」的分野。

老師好好說3.2：「這不像是你。」

　　透過這樣的說法，教師不是要譴責學生，而是暗示方才觀察到的、有問題的舉止可能是一時反常的表現，綜觀孩子平日整體表現應該會有不少值得嘉許之處。這邀請當事人考量他想要成為什麼樣的人，以及他是否希望改變前述假設的正向身分。師生之間平日的關係越強，這種提示就越有效力，也越有建設性。在這裡，身分作為工具和不斷發展的成就，功能特別清楚。老師更像是作家的編輯，提供回饋意見：「從你塑造的故事主角性格來看，在這種情況下，他不可能那樣做。這太不像他了。」

老師好好說3.2：
「這不像是你。」

- 邀請學生考量想要成為什麼樣的人。
- 身分作為工具和不斷發展的成就。
- 老師像是作家的編輯，提供回饋意見。

老師好好說3.3：「我很想知道，你是否準備好要成為一個作家？」

　　這則「老師好好說」邀請孩子，從發展或成熟的角度來思考學習，並啟發孩子鼓起慾望，邁向能讓別人看見自己更成熟的一面。這要成功，有相當大的程度需要孩子能夠看待自己是作家，並接受挑戰。有意

思的是，如果她真的接受自己是作家的身分，並克服挑戰成為更成熟的作家，在老師的如許話語脈絡之下，她幾乎很難不去譜寫出「自己身為作家克服挑戰」的敘事。以這種方式克服障礙，提供了一種誘人的邀請，促使她去採納該等身分。如果老師問她是怎麼做到的，她就會重新，亦即以成功主角的形象，來詮釋自我學習（發展、成熟）的自我能動敘事。

> ### 老師好好說3.3：
> ### 「我很想知道，你是否準備好要成為一個作家？」
>
> - 邀請孩子，採納特定身分，接受挑戰，邁向更成熟的自我。
> - 以成功主角形象，詮釋自我學習進展的主體能動敘事。

老師好好說3.4：「我敢說，你自己肯定感到很光榮。」

這則「老師好好說」的運用時機，若能安排在諸如前述的「如何……」問句建立孩子的主體能動性之後，可望達到最大的建設性效果。邀請孩子注意內心的「光榮感」，能夠在新建立的主體能動性之上，增添新的「自信能量」；在此同時，更得以為所從事的活動附上「內在動機」。建立孩子的獨立性之餘，並不會減損教師也為孩子感到光榮的感覺。更常見的說法是「我為你感到光榮」，然而這種說法就像

其他形式的讚美一樣，可能將孩子的注意力轉向要去討老師的歡心，而不是發展自己的主體能動性。如同任何讚美一樣，這蘊涵著「老師在上，學生在下」的尊卑相對地位，讚美乃是老師由上而下給予學生的。這也隱然剝奪了學生成就的部分功勞，而將其轉移到教師身上。

　　更普遍而言，「那讓你有什麼感覺呢？」把注意力轉向內部感覺，以及該等感覺與行為或事件的關係。比方說，「寫出像這樣的一段文字，讓你有什麼感覺呢？」（或是「收到那樣的一封信，讓你有什麼感覺呢？」）這樣的提問可能帶來兩方面的效應。第一個面向是，關於內部動機與寫作舉動的連結。孩子注意和重溫這種連結，次數越多越好。連結的重溫和連結的發生幾乎有著相等的效果，並且會持續強化連結的強度。第二個面向是，關於x讓y有什麼樣的感覺，這是課堂對話的核心部分，也關係到主體能動性當中的責任感。

老師好好說3.4：
「我敢說，你自己肯定感到很光榮。」

- 邀請孩子注意內心的光榮感。
- 運用時機安排在建立孩子的主體能動性之後。
- 增添新的自信能量。
- 內在動機，相對於「我為你感到光榮」、「那讓你有什麼感覺呢？」。
- 內部動機與行動的連結。
- 主體能動的責任感。

老師好好說3.5：「你們今天的身分是作家，請說說你們做了哪些事情？」

這則「老師好好說」的詢問有幾點特色，簡述如後：

1. 邀請學生從作家身分的角度來回答自己做了什麼，並以該等身分進行對話，而不是以學生的身分來完成教師分派的課堂任務。

2. 這當中給定了兩個訊息：(1)學生是作家，(2)如同作家一樣進行某些行動。如此一來，學生就難以拒絕作家的身分或行動。因為這些是給定的，沒得爭論或質疑。

要回答這個問題，學生必須讓自己就像是作家在回答一樣，例如：「身為作家，我努力為我寫的故事找到一個『引子』。」這個詢問是要打開對話，要求學生進入特定的角色（我是作家），試著去說出該等特定角色的敘事。學生被老師輕輕推促，扮演身為作家／主角的敘事。再者，也開放各種可能性，容許老師順著學生的陳述來追問細節和建議情節，以補充闡明所說的故事。

老師好好說3.5：
「你們今天的身分是作家，
請說說你們做了哪些事情？」

• 邀請學生進入特定身分，試著去說出該等身分的敘事。
• 老師追問細節、建議情節，補充闡明學生敘事。

老師好好說3.6：「你們是讀者，最近有讀到什麼嗎？」

和前一則「老師好好說」的開頭一樣，教師從「給定」訊息開始──「你們是讀者」，這也是沒得爭論或質疑的：(1)學生是讀者，(2)如同讀者一樣進行某些行動。在這裡，唯一的問題是，這個讀者讀到了什麼？學生在回答這個問題時，必須回顧最近的學習。回答需要以「我學到了……」作為開頭，這堅持回答者站上閱讀和學習的主體能動身分。在此同時，也創造了自我肯定的學習歷史，對於一向認為自己閱讀、學習表現不佳、課業乏善可陳的學生，這確實是對抗該等負向自我概念毒害的絕佳解毒劑。

再者，也可以試著使用類似的問法：「你們是作家，接下來想要學什麼？」而且這把學習歷史更進一步地帶到主體能動性發展的下一層級，創造了連結過去、現在、未來的學習拋射線軌跡：過去，我學到了某些東西；現在，我控制著我學到的東西；未來，我將學會某些東西。承接前述問題，還可以進一步再問：「你打算怎麼學習這些東西？」透過堅持學習的控制權屬於學生，並將其注意力轉向使學習可能的策略，可以將主體能動對話往前擴展得更遠。

總之，此等問句開啟的課堂師生對話堅持，學生是讀者（或作家，以及其他任何可欲的身分認同），並且需要掌控自己的學習，以期成為更好的讀者（或作家等等）。換言之，許多這類身分導向的課堂對話提示，本質上，堅持學童以自身作為其學習的主體能動者的方式做出回應。關於這方面的主題，我們將會在下一章進一步探討。

老師好好說3.6：
「你們是讀者，最近有讀到什麼嗎？」

- 從「給定」訊息開始。
- 回顧最近的學習。
- 回答「我學到了……」，站上閱讀和學習的主體能動身分。
- 創造自我肯定的學習歷史。
- 創造連結過去、現在、未來的學習拋射線軌跡。

延伸

　　有兩種方法可以探索你的教學與兒童發展語文識讀身分的關聯。第一種是錄音記錄課堂上（例如：作文進修課）關於書籍和作文的對話，聽取他們對於我在本章提出的問題所做的討論或回答。第二種方式（也許更直接）就是，與你班上的幾個學生，針對下列問題進行討論：

- 你覺得你的班上有不同類型的讀者（作家）嗎？
- 你如何看待自己身為讀者（作家）的身分？（或）你是怎樣的讀者（作家）？

　　為了讓你展開這項計畫，如果你沒有自己任教的班級，我提供以下我與蔓蔓的對話摘要。當你閱讀時，問自己這些問題：

- 這當中有出現什麼標識和命名？
- 這位學生正在發展什麼身分？
- 什麼課堂對話使這種身分成為可能？

　　當你作決定時，找出可用來支持決定的證據。然後計畫一些方法來鼓勵這個學生投入，以期改變她對語文識讀和自己身為識讀人（讀者、作者等等）的理解。

蔓蔓

　　蔓蔓說，好的作家「寫得很快……〔比方說〕，老師要我們寫故事，他們很快……嗯，甚至不到十分鐘，他們就寫好了」。蔓蔓不和其他學生談論寫作。她說：「不想害他們傷心，因為有時候有人跟他們說，『哦，你寫得糟糕透了！』類似這樣的話，然後他們馬上就去報告老師……。」蔓蔓說，他們不應該把自己的想法給其他學生，「因為那就像是把你想到的東西，塞進別人的腦袋……。然後，他們就會有，可能吧，同樣的故事。」

　　至於好的讀者，她說，他們「全都是靜靜的，只聽別人說……他們會挑戰自己……還有會讀有章節的圖書（chapter books）。」要她描述自己是怎樣的讀者或作家，她說不明白這問題是什麼意思。她不知道如何可能知道別的孩子是怎樣的讀者或作家。

　　問班上同學是否會在課堂上做研究，她說，不太懂這問題是什麼意思。經過解釋之後，她說，他們沒有。蔓蔓期望老師給她的成績單評語是：「蔓蔓上課很守規矩，對同學很友善」，還有作文能得到「優等」。問她如何幫助同學成為更好的讀者，她說，會告訴他們，「不要打混摸魚，因為你越是打混摸魚，你的名字就越可能被登記在黑板

上……〔還有〕……如果不懂某個字,不會念,或是不明白意思,那就去查字典。」

　　在談論書籍時,蔓蔓沒有把書本和個人經驗之間做出連結(頁226-227)。

第 四 章

主體能動性與策略靈活運用

孩子必然擁有類似「是的，我想我可以做到這一點」之
類的自信。因此，老師也必須肯定孩子擁有如此能力，並能
在此基礎上想像新的可能性。

　　——〈教導孟買孩童作文：兒童轉借媒體素材用於學校
語文識讀〉，戴森（Dyson，1999，頁396-397）

　　撇除別的不說，孩子自學校畢業之際，至少也應該帶走一種感覺：
如果付諸行動，而且活用策略，我就可以達成目標。這種感覺就是我所
謂的「主體能動意識」（sense of agency）。有些老師非常擅長於建立
兒童的主體能動意識，在本章，我將介紹描述他們是如何做到的。

　　簡單來說，主體能動意識就像是火光，得以讓人心靈的眼睛一亮，
清楚地意識到自己的行動能夠對環境發揮影響作用。許多研究人員論
稱，主體能動是人類的基本欲求（Bandura, 1996; Bruner, 1994b; Harre &
Gillet, 1994; Skinner, Zimmer-Gembeck, & Connell, 1998）。他們的論點
是立基於如後的事實：即使是年幼如嬰兒，當他們的行為對環境似乎有
所影響時，他們都會注意到，並且流露出興奮的感覺。比方說，躺在嬰
兒床的嬰兒，當他們蠕動，嬰兒床上方吊掛的一些小玩意兒就會隨之搖
晃，他們看了就會顯得興奮。嬰兒出現這類行為時，母親如果能適時做
出反應，就會有助於這種主體能動意識的發展。反之，如果母親不理不
睬，好比某些終日愁眉苦臉的母親，久而久之，嬰兒就會失去興趣。這
種對主體能動的渴望，從小到大持續存在，並且是如此強大，當人們覺
得自己做什麼和發生什麼之間沒有關係時，就可能變得沮喪和無能為力
（Seligman, 1975; Skinner, Zimmer-Gembeck, & Connell, 1998）。

　　因此，擁有主體能動意識是很基本的人類需求，我們的福樂安適或
幸福感有相當程度有賴於此。但是，主體能動意識的建立不僅僅取決於
個人行動和環境事件之間的巧合連結，就如同前述嬰兒的例子一樣。我

們所做的大部分事情，在行動（例如，寫出好的開場白）與後果（吸引讀者有興趣閱讀整篇文章）之間，通常存在著時間上的落差或延宕。不僅延宕，而且有些時候，後果往往不是顯而易見。人們喜歡我們所寫的文章，但我們必須弄清楚為什麼，因為不無可能只是碰巧運氣好而已，不見得真的是因為我們寫得有那麼吸引人。

正是在如此環節上，「教師語言的中介作用」變得至關重要，而這也是人類會想說故事的源頭所在。教師與兒童的對話有助於兒童建立行動和後果之間的橋梁，從而促進主體能動意識的發展。這可以讓孩子明白，透過行動和活用策略，他們如何完成了某些事情；在此同時，也讓他們體認到，自己是有能力完成事情的人。在第三章，我描述孩子如何設想自己是譬如詩人之類的身分。但是，為了使設想的身分（詩人）行得通，他們必須說服自己和他人，他們實際上就是詩人。要做到這一點，他們必須令人信服表現出如同詩人的行為，故事情節就是他們在做詩人所做的事情，並且產生吻合預期可見的後果，這也即是所謂的「主體能動敘事」。

人類天生就是講故事的人，這也挹注了孩童採取說書人角色的自然傾向。我們不斷向別人和自己講述個人故事，而這些故事又對我們認知的自我形象起了形塑作用。可以說，我們以敘述的形式，經歷了自我的人生，或者就像凱瑟琳・萊絲曼（Catherine Riessman，1993，頁2）所說的：「個人以自傳敘事來述說自己的生命故事，到後來，自己於是成為那個自傳敘事。」為了解決寫作遇到的許多問題，並且能夠堅持到底，完成所面臨的許多修訂改版，我必須將自己編寫進入一篇敘事，在其中，我就是遇到並解決文本問題的那個人。此等信念即是我透過與周圍其他人交談的歷史，發展、演進而來。

因此，為了要理解孩子主體能動性的發展，我們需要檢視，我們安排了哪些說故事的類型，提供孩子們來使用。比方說，我預期如果孩

子過去講故事總是關於自己作文失敗的經驗，那可能就比較無法以「是的，我想我可以做到這一點」的態度，來面對新的寫作挑戰。再者，我們可以在故事當中，將自己定位為主動的主角，亦即擁有主體能動性的角色；然而，即便在如此的自我主體能動敘事當中，我們也有可能將自己的主體能動性，部分乃至主要的功勞歸諸於其他人，例如：「我的詩寫得好，那是因為有老師幫我。」講出這樣的敘事，基本上等於將自己置於被動的角色，那是主體能動的反面。布魯納（Jerome Bruner, 1994）稱之為「受害者性」（victimicity），誠如瑪麗·克萊在經典論文〈學習成為學習障礙者〉（Learning to be Learning Disabled）所指出的現象，從事學習障礙學生教育的老師，應該都能辨識這樣的故事。人們述說自我學習經驗的敘事方式，毫無疑問地會連帶影響到課業成就（Johnston & Winograd, 1985; Nicholls, 1989; Nolen-Hoeksema, Girus, & Seligman, 1986）。

　　因此，有待解決的問題就是，我們該如何安排，以便孩子講述自己讀寫成功的故事？好的敘事的核心是角色遇到問題，透過行動與活用策略解決該等問題，通常（但不必然）會達成目標。以下介紹的教師課堂說話術有頗高可能性，得以影響兒童在講述個人語文識讀故事中，體驗到比較正面的主體能動意識。

♫重點提示

- 主體能動意識：一種自我意識，相信自己有行動力，能夠對環境發揮影響作用；反之，覺得自己沒能力，做什麼都沒影響。
- 基本的人類需求。
- 福樂安適或幸福感。
- 兒童主體能動意識的發展。
- 教師語言的中介作用。
- 主體能動敘事。

老師好好說4.1：「你是怎麼想出來的？」

　　當孩子成功解決問題時，老師運用這個說法，可以邀請他們回過頭，重新檢視用來完成目標或解決問題的過程或策略。這個問句要求孩子使用「首先，我試圖……」的句子開頭來回答；換句話說，要求學生將自己定位為講述故事者，並且作為故事的主角。除了提供機會讓學生檢視策略之外，這問題還堅持學生在重說故事中採取主體能動的立場。這樣的敘事啟發孩子，在語文識讀活動當中，能夠充分發揮主體能動的身分意識。

　　「你是怎麼……」的問句，邀請孩子站上「主體能動」的角色，這是特別重要的。很多時候，我們聽到許多人主張應該如何教導兒童學習策略，然而，實際狀況卻是許多孩子在課堂上學了不算少數的策略，但卻無法靈活運用（Ivey, Johnston, & Cronin, 1998）。教兒童學習策略，或許能夠讓他們認識策略是怎麼一回事，但不一定能在需要用時真正派上用場，也不一定能擁有某種主體能動意識。瑪麗·克萊（1991）提出這個問題，她論稱，我們應該是要「教出策略」，而不僅僅是「教策略」。教策略是老師把策略教給學生；相對地，教出策略則需要讓孩子能夠針對問題狀況產生策略，然後與他們一起檢查，採取主體能動敘事的方式重新敘說他們所產生之策略的有效性，比方說：「你獨自把那個難懂的字想明白了，你是怎麼做到的？」當孩子這樣做時，他們掌控了問題解決過程，並且在老師的邀請下，有意識地在主體能動的敘事講述中，確認了自己對問題解決與策略產生、運用等等的掌控。

　　老師透過安排，讓學生獨立想清楚某些事情。在過程中，學生沒有充分意識到自己有受到老師的引導，事後學生再反思自己是如何想出來的，這樣的策略稱為「揭示」（revealing）。Courtney Cazden（1992）將這與「告知」（telling）對比。使用告知策略時，老師直接把事情說

明清楚，然後學生就按照老師所告知的來練習。我估計，揭示應該是比告知來得更加困難些，因為揭示需要納入考量孩子目前的理解程度。揭示的好處是，孩子實際上投入知識建構或問題解決，這再次使得他們有機會可能發展主體能動意識。相對地，告知則可以產生後設認知意識，這通常是滿有用的。只不過，由告知而產生的後設認知意識並不總能及時發揮效用。正如瑪麗・克萊（2001）指出的：「我們在讀者身分所做的大部分事情，大多數時間，需要在意識層次以下操作，以便快速而有效地完成圖書資訊的處理，並將注意力用在主要傳達的訊息，而不是全程投入心力讀完所有資訊，才取得該等訊息。」（頁127）

「你是怎麼……？」問句的附帶益處是，當兒童開始闡述他們的策略行動時，他們就將策略教給其他學生，教師並不是供給所有知識的權威來源。如此就安排出無分師生階層化的教學。讓這種對話成為自然而然的慣例，可以促使學生在他們之間比較有可能繼續投入如此的對話，從而提高「外顯化」教學的層次，而無需拉高兒童被告知要做什麼的範圍。

你可能會說：「聽起來不錯，那我們該怎麼做，才可能提高這種對話的機會呢？」這就是下一則「老師好好說」切入的時機。要建立主體能動敘事，有一個前提就是，孩子必須面對問題。

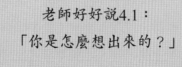

老師好好說4.1：
「你是怎麼想出來的？」

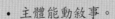

- 主體能動敘事。
- 反思完成目標／解決問題的過程／策略。
- 確認自己對問題解決的掌控。

- 揭示vs.告知。
- 分享策略給其他學生。
- 無分師生階層化的教學。

老師好好說4.2：「你們今天有遇到什麼問題嗎？」

當學生可以預期老師幾乎每天都會問到這句，那就等於隱約告訴學生，遇到問題是很正常的。每個人都可能遇到問題，這是完全正常的。因此，承認自己有遇到問題，在課堂上和大家談論如何解決問題，自然也是很正常的。這還能幫助學生找出問題，並將其視為學習的機會，同時也讓老師可以提問：「你如何解決這個問題？」進而邀請學生投入構建主體能動敘事。我們還可以將對話擴展包括：

- 「還有其他人也有這方面的問題嗎？你是如何解決的？」
- 「我們還能怎麼解決這樣的問題？」
- 「當我遇到這個問題時，我是這樣處理的……」

這些都進一步擴大了主體能動性的可能性。當然，孩子是有可能回答，他們問了別人如何解決問題。然而，這也可以透過重新講述而宣稱這樣做的主體能動性，以及需要記住從中學到哪些經驗，以便未來該等解決方案沒辦法派上用場時，能夠考量其他選項。「請教別人是解決問題的好辦法，這樣，我們就知道下一次遇到類似問題時，自己該如何解決。除此之外，我們還可能使用哪些策略？」

這麼做，有助於兒童將這些選項內化的提示，也能夠使該等選項更方便攜行。比方說，當孩子遇到問題時，問「你能做什麼？」有幾個好處。

　　首先，可以提醒學生，自己是擁有主體能動性的──「我可以完成一些事情。」

　　其次，這要求探索可能做什麼，而沒有堅持真的必須去嘗試。

　　再者，這樣的提示也非常不同於「你說，這裡要怎麼做才對？」。主要差別在於，它要求孩子掌控策略的探索和選擇，而不是要求說出「對的」策略。這是發展「內控」（inner control）教學的一部分。在這裡，內控就是指免於教師支持，而能夠自行掌控策略的使用（Clay, 1991）。

> ### 老師好好說4.2：
> ### 「你們今天有遇到什麼問題嗎？」
>
> * 遇到問題是很正常的。
> * 主體能動敘事。
> * 請教別人如何解決問題。
> * 將各種策略內化。
> * 發展「內控」。

老師好好說4.3：「你計畫怎麼處理這個狀況？」

　　規劃意味著，透過組織以產生具有建設性、生產性的敘事。這是策略運用當中最有意識的部分，因為它發生在我們實際投入問題解決之前。這是非常具有主體能動性的舉動。請注意，這問句的提出方式假設學生已經有一個計畫。有些學生原本沒有計畫，甚至也沒有考慮是否可能要計畫，突然之間遇到這樣的問法，可能會有點困惑，但終究還是會想出可能的計畫，並開始考慮該採取哪些措施來完成該等計畫。然

而，規劃並不總是這樣直截了當。比方說，「我們今天需要檢查我們的科學實驗和數學。你認為你需要多少時間來編輯你的文字？」這也提供了其他學生觀摩學習如何做規劃——規劃是這個班級一直都在做的事情——它容許孩子得以選擇如何運用時間（雖然不能選擇有哪些是需要做的），並且要求他們想像如何進行對於規劃至關重要的任務分析。此等問句真的邀請他們針對那天下午剩餘的時間，共同構建一個計畫。規劃是想像一個可能的主體能動敘事，以便日後可以通過「你如何……？」和「你的計畫是否有幫到你？」之類的問題，來進行詳細複述你的計畫；或者也可以在這些問句之間，再插入提問：「你有什麼計畫……？」

老師好好說4.3：
「你計畫怎麼處理這個狀況？」

- 透過組織以產生具有建設性的敘事。
- 運用時間。
- 任務分析。
- 主體能動敘事。

老師好好說4.4：「你這篇作文將往何處發展？」

這則「老師好好說」如同前一則一樣，也是有關寫作的計畫，而且具有相當的強制性，因為問題已經限定你對這篇作文已有往前發展的目標或計畫，在此前提之下，你只能回答你想要往何處發展（你先前可能沒有想到的某些方向）。回答這個問題需要主體能動的敘事。面對老師

提出這樣的問題，有些孩子可能還沒有想過，原來有人是有可能把作文帶往某些方向發展。然而，這問題打開了想像空間，讓他得以想像有可能這樣處理這篇作文，並且就長期而言，有可能真的付諸如此的行動，進而打開了主體能動對話的下一步，譬如：「你下一步打算做什麼，以便能夠達到該目標？」或是，「你對於這項目標有什麼打算呢？」

老師好好說4.4：
「你這篇作文將往何處發展？」

- 往前發展的目標或計畫。
- 可能真的付諸如此的行動。
- 打開想像空間。
- 主體能動敘事。

老師好好說4.5：「哪部分是你確定的？哪部分是你不知道的？」

這則「老師好好說」，可以用來提問已經知道自己寫錯字的學生，促使他把注意力轉向成功的部分，然後集中解決還沒寫對的部分，使問題縮小、集中，從而更容易處理。孩子回答完這個問題之後，老師緊接著再問：「那你想應該怎麼寫那個部分呢？」孩子就能開始嘗試各種寫法，找出其中正確的一種，從而成功寫出正確的字。然後繼續再問：「你是怎麼想明白的？」這就可能邀請孩子說出主體能動敘事（我嘗試做了這個或那個……，然後得到了這樣或那樣的結果……），並用再次詳細複述這過程當中運用到的策略。

不過，這個問句的第一部分，「哪部分是你確定的？」還是屬於提請孩子注意部分成功的另一種版本，並提醒我們，發展主體能動意識所必須的成功經驗，乃是孩子的感覺。比方說，兩個孩子可能寫錯同一個字，但一個認爲這是成功，另一個認爲是失敗，兩人感覺的差異乃是因爲各自注意到的是寫對或寫錯的部分，或是專注的是看的人滿意或不滿意。我們與兒童互動所選擇使用的語言，會影響他們對該等事件的感知方式，進而影響其主體能動意識的發展。

> **老師好好說4.5：**
> 「哪部分是你確定的？哪部分是你不知道的？」
>
> • 注意力轉向成功部分，集中解決還沒成功的部分。
> • 主體能動敘事。
> • 詳細複述這過程當中運用到的策略。
> • 發展主體能動意識必須的成功經驗感覺。

老師好好說4.6：「你寫的這個角色眞的很吸引人，很有意思，特別是他說的話，而且如果你能讓讀者明白他說話是什麼感覺，還有他的樣子有哪些特徵，那麼他給人的感覺就會更鮮明。」

這一則「老師好好說」，再一次邀請孩子把注意力首先而且明確地聚焦到進展順利或有正向結果的部分。特別值得一提的是，雖然這是透過對讀者產生的「效應」來呈顯哪些面向進展順利，但本質上，這還是能夠顯現出作者的主體能動性。這也避開了需要去贏得他人給予讚賞，因而有效避免孩子可能發展出對老師的依賴關係，並容許發展中的作者

去瞭解如何判斷自己的努力是否成功，或者將會成功。

　　不過，指出學生已有哪些部分做得好，仍是不夠的。教學還需要進一步促使學生有超越自我的發展。具體而言，就是要引導學生去注意、去嘗試未來還有哪些改善空間。知道這第二步驟的重要性之餘，一般老師傾向會說：「你寫的這個角色真的很吸引人，很有意思，特別是他說的話。但是，你沒有……」就是這個「但是」，有效抵銷了前半段好不容易營造的正向反饋。你或許已經注意到，本則的「老師好好說」使用的是「而且」，而不是「但是」，這是兩者至關重要的關鍵差別所在。請注意，不僅前半段的肯定回饋原封不動，後半段的「而且，如果你……，那麼……」，其正面回饋效應也不會有絲毫折損。換句話說，這種句子結構建立起一種可能的未來，其中包括讀者的感受結果、能夠達成該等感受結果的策略，以及學生置於主體能動敘事的主角地位。在此同時，它打開了一扇門，條件句「如果……」容許選擇的自由，而沒有強迫孩子一定要走進去。就這麼一個字，「而且」，改變了師生互動的整個結構，從而影響了孩子真正投入反饋（建議採取之策略）的動機，以及所能採取的身分定位（有選擇空間的主體能動主角，抑或是只許強迫中獎的被動聽命者）。

　　這並不是要忽視「但是」一詞的價值，而是有不同的功能，得以用來呈現有待化解的衝突。比方說，「在這種情況下，可以肯定『X』是合理的；但是，如果這個字是『X』，你應該會看到什麼部首？」這樣的提示，是要用來提出可以容許學習者自行解決的問題，其中往往需要重新組織部分的認知處理程序（Clay, 2001）。還有，請注意，肯定仍然是擺在前面，然後再使用「但是，……」。再者，也請注意，雖然肯定當中帶有一定程度的讚美，但肯定和讚美並不完全相同。肯定將建設性的來源歸因於假定孩子已經有使用的保證（認為合理的）。不論孩子是否真的有使用保證，再次講述這樣的敘事，由於講述過程中隱含有使

用保證的作為，將會使如此的歸因很難拒絕。其實，像這樣的保證是構成有說服力故事的關鍵元素，而且有些孩子需要慎重其事的說服（提供充分而有力的保證），才有可能促使他們拋棄過往非建設性的自我敘事。也許你在自己生活的某些情境已經遇過這類的故事。

我不應該沒有說明如果（「如果你……」）的重要性，就離開這則「老師好好說」。在寫作課的師生對話中，「如果你要添加有關那隻貓的資訊，你會放在哪兒？」（條件式問句），以及「提供有關那隻貓的更多資訊」（命令句），這兩種說法之間，確實存在著不容小覷的差異（Graves, 1994）。其中，前面一個說法保留了是否要真正執行的選擇空間，但堅持詳細複述背後的想法（這是很重要的教學）；後面一個說法則沒有留下選擇空間，而且主體能動性也有所降低。事實上，條件式問句和命令句之間，對於動機、主體能動性和身分認同，有著相當不同的蘊意或連帶影響。

老師好好說4.6：
「你的……很有意思……而且，
如果……，那麼……。」

- 注意力首先而且明確地聚焦到順利或正向結果的部分。
- 促使超越自我發展。
- 引導學生注意、嘗試未來改善空間。
- 使用「而且」，而不是「但是」。
- 肯定vs.讚美。
- 條件式問句vs.命令句。
- 動機、主體能動性和身分認同。

老師好好說4.7：「這就像凱文寫的故事。一開始他就告訴我們，故事的角色是個孤單的男孩，好讓我們關心他。你〔看著凱文〕做了有意識的選擇。」（Johnston, Bennett, & Cronin，2002a，頁155）

　　這則「老師好好說」的關鍵詞是「選擇」。選擇是主體能動的核心要素。做選擇需要當事人採取行動，最好是有思慮過的舉動。很多時候，我們會採取特定方式來做事情，或是採用特定觀點來看問題，但卻忘了還有其他可能的方式或觀點。這個特別的「老師好好說」，甚至有更多值得推薦之處。透過將凱文的作品連結到深得班上同學佩服的某作家的作品，這清楚宣布凱文為作家，另外也呈現了支持如此平行連結的證據，從而提醒凱文，也提醒班上同學，作家做出決定，並且應該是經過深思熟慮之後的決定。這邀請班上同學將凱文視為作家，並且拆下文壇作家和凱文這種名不見經傳作家之間的分野。雖然表彰凱文為作家，擁有主體能動和力量的作家，但這並不是單純的讚美。關鍵在於箇中提供資訊的方式，使公開表揚可能奏效，而且不至於產生副作用。有效避開了一般在公開場合讚美特定個人時，難免會陷入「不讚美」在場其他人的風險。「好」，原本可能是讚美，但是當後面的學生得到「精采」的評語，「好」就可能變成「相形遜色的讚美」。

　　這則「老師好好說」的「選擇」面向，也可能促成孩子針對選擇過程的本質，說出有建設性的敘事，例如，「我注意到你選擇用詩歌體裁來寫這篇作文。你怎麼會想要這樣寫呢？」如此提問，堅持孩子在回答中講出所做決定的理由根據，而這又需要設法闡述分明原本可能不在意識所感知的思慮過程。在此同時，這要求學生站上作者的身分來完成敘事，並打開班上同學關於諸多可能選擇的文類更為寬廣的對話，以及作出這樣選擇（詩歌體裁）的理由根據。

在課堂互動中，把選擇拉到前景，是很重要的，因為孩子難免會表現出不盡如人意的行為。就長程的改善而言，第一步就是要提醒他們，他們的行為反映出自己所做的某種選擇，並幫助他們想出替代選擇方案，以及其可能帶來的不同結果。想像不同的選擇有很大的幫助。有時候，孩子沒能看明白事情其實是有選擇、有轉圜空間的，因為他們無法想像其他的選項，而只能重複做出一成不變的反應。就是在這樣的時機點上，我們可以試著提出「假設……」或「如果……，會怎麼樣」的問句，他們看見打開自我侷限的視野，有機會看見其實是有可能選擇其他的方式，或是透過幫助他們連結到其他資源，從而開啟新的可能性。比方說，我們或許可以問：

- 「〔熟悉的某某作家，或眾所景仰的某某名作家等等〕可能會怎麼處理？」
- 「〔另一個熟悉的作家，或備受尊重的作家等等〕又可能會怎麼處理？」

這些問句不僅讓孩子注意到，有意識的選擇是身為作家必須做的事情，同時也指出有助於想像其他選項的可能資源。這種對話導向建立和連結布魯納（Jerome Bruner, 1986）所謂的意識和行動的「雙景」（dual landscapes）。

老師好好說4.7：

「選擇」

- 選擇是主體能動的核心要素。
- 其他可能的方式或觀點。
- 肯定「作家」身分。
- 促成針對選擇過程本質，說出有建設性的敘事。
- 闡述分明原本可能沒能意識感知的思慮過程。
- 把選擇拉到前景。
- 想像替代選擇方案，以及可能的不同影響結果。
- 打開自我侷限的視野。
- 連結到其他資源。
- 意識和行動的「雙景」。

老師好好說4.8：「為什麼……？」

「為什麼」的問題，是探究的本質。一旦年幼的孩子親身領教過「為什麼」的問題，感受入寶山滿載而歸的好處，就會明白這是相當好用的工具，非常有助於追根究柢查清楚某些事情運作的原委，以及發現其他人的侷限。除了作為科學至少一個面向和邏輯基礎之外，「為什麼」的問題也培養孩子的說服和論證能力，以及邏輯思維能力，有助於孩子平衡語文識讀生活的感性與理性面向。

「為什麼……」的問題，也可適用於行為和決策的邏輯，邀請孩子回顧檢視並將原本沒意會到的心理歷程及相關聯價值，帶入意識感知之內。問孩子為什麼會做出（或說出）他們所做（或所說）的某些事情，

可以幫助他們發展該等意識，從而取得對於自己所做決定的真正人格所有權。「為什麼……」的問句，將潛伏於行動底下的感覺、意向、關係、動機、邏輯、價值和計畫等等諸如此類隱藏於敘事的槓桿，帶入意識感知層次之內。「為什麼」問題應用到書籍人物的行動時，也有相同的效果，特別是將該等行動設法連結到孩子生活切身問題，例如：「你覺得為什麼她會那樣做呢？」同樣的原則也適用於課堂上針對重大事件的討論，這增加了額外優勢，提供更多的詮釋框架，得以從中選擇。或許更重要的是，「為什麼……」問句也可適用於一般作家。有關這方面的討論，請參閱下一則「老師好好說」。

老師好好說4.8：
「為什麼……？」

- 探究的本質。
- 培養說服和論證、邏輯思維等能力。
- 有助平衡語文識讀生活的感性與理性面向。
- 行為和決策的邏輯。
- 連結到孩子生活切身問題。
- 提供更多詮釋框架，得以從中選擇。

老師好好說4.9：「為什麼作家會這樣寫？」 （Johnston, Bennett, & Cronin，2002a，頁155）

這個問題要求學生如此來看待寫作：基本上，寫作乃是有意向性的行動，而且當中涉及了相當多樣的抉擇。讓討論寫作意向的對話成為課堂的常態活動，可以提供「批判識讀素養」的基礎。這打開了閱讀的諸

多可能性，讓讀者得以讀出遣辭用字、意識形態和私人利益或旨趣的可能重要性。這還要求孩子站在讀者的身分，想像自己進入作家的角色，在閱讀和寫作之間建立橋梁，幫助他們把從讀者身分學到的有用東西，遷移或類化應用到作家身分。不過，想像自己從讀者身分轉進入作家身分，需要「社會想像力」。接下來，我就來談談這方面。

想像作者為什麼做了特定的語言選擇，就打開了以不同方式來處理事情的可能性，所以老師就有可能問：「作者當初還可能有哪些不同的寫法？」當然，這也可以用來問學生自己的寫作，例如：「你如何可能有不同的做法？」這兩者合起來，就構建了閱讀和寫作之間的必要連結。

「為什麼作者選擇使用那個字眼？」

「他還可能使用哪些字眼？」

「你認為當作者用這個字眼來描述勞勃（一個角色），這就改變了我們對他的看法嗎？」

舉凡這些課堂對話說法，都是透過有系統的努力，堅持讓學生把作者的意向性和著作人格權的政治性等，視為給定的資訊。一旦這些確立了，兒童就有可能試著透過不同於作者意向的角度來閱讀。他們也變得有可能（而且可能性相當高），能夠以批判的眼光來閱讀。在這些對話中，孩子們可以開始想像，作家如何透過有系統地隱匿不寫的元素——聲音、觀點、細節——諸如此類的伏筆而牽引讀者。在課堂上，經常發言的其他孩子的觀點，也對這一點有強大的影響。這也是下一節我們要探討的主題——強大有力的敘事（powerful narratives）。

老師好好說4.9：

「爲什麼作家會這樣寫？」

- 寫作是意向性的行動，涉及相當多樣的抉擇。
- 討論寫作意向成爲課堂的常態對話。
- 批判識讀素養。
- 從讀者身分遷移應用到作家身分。
- 社會想像力。
- 伏筆：隱匿不寫的元素，如聲音、觀點、細節。

強大有力的主體能動敘事

本章介紹的各則「老師好好說」，都是邀請孩子從主體能動位置去建構和重新講述某種事件。這些成爲課堂對話的常態之後，老師不需要特別多作說明，學生自然而然就能明白，舉凡嘗試、掙扎、注意和創造等等都是寫作的常態，也是一般作家的家常便飯。當然，所有這些課堂對話都需要有適切的師生關係和證據來支持敘事，使其可信賴和有說服力。我們必須取信於學生，提供充適的證據，在細節和細節呈現方式要特別用心，以便他們相信我們說的是眞的，而不是老師胡謅瞎扯的好聽話。

有時候，接受主體能動角色可能會涉入實質風險。當學習者圍繞失敗經驗建立個人敘事，就可能趨向採取被動角色，對失敗沒有責任感。接受主體能動角色，在指責的對話脈絡中也是有風險的。這是建立主體能動性的初期最好從成功事件切入比較好的原因所在，也是爲什麼設法安排成功經驗是很根本的配套事項。儘管如此，處理潛在負面情節也是

至關重要的，因為在敘事中通常具有關鍵作用。首先，負面事件必須被視為是預期會發生的，而且具有教育價值。這就是為什麼老師必須非常重視而且致力於讓孩子們明白「你今天遇到什麼問題？」乃是很正常的。話說回來，當孩子嘗試某事，結果不甚成功時，我們需要把此等經驗轉化成為對未來有用的敘事和身分。如果孩子不犯錯，就不可能有機會從中學習改錯、修正。

兒童在寫作時，通常不會寫錯字，因為他們不會想冒險去寫自認可能會失敗的東西。我們可以透過公開重視兒童對新策略和可能性的探索，來引導他們比較願意冒險嘗試。例如：「今天的作文，有沒有人嘗試新的或困難的文字？……很好！可以跟大家談一談……這就是威廉・史塔克（William Steig）在寫作當中的做法，他使用了這些詼諧逗趣的文字。有沒有其他人嘗試新的或不同的方式？」

我們也可以幫助學生，透過不同的框架，來重新檢視故事呈現的負面情節──當我們處於學習者、作者、讀者、公民等不同身分的情況下，負面情節可能扮演什麼樣的角色：「是的，你在這方面是有遇到困難，但我真的很喜歡你自我挑戰的做法。」引導孩子把注意力朝向自己的成功，讓他們看見，自己的決定和策略行動如何增進了成功的可能性，這樣可以提高兒童對於自己能力的正面看法，也可提高他們聚焦努力付出的效能（Pintrich & Blumenfeld, 1985）。相對地，如果是讓他們注意自己的付出（「你很用功」）或智力（「你很聰明」），則不會產生足夠有用的敘事。

作為語文識讀教師，我們致力於最大限度提高兒童的主體能動意識。這當中可分成三部分來談：

1. 認為環境可以受到影響。
2. 相信個人擁有影響環境所需的能力。

3. 理解批判識讀究竟是怎麼一回事。

對於前述第一個部分，妥善組織而且可預期的課堂安排幫助很大；同樣地，安排孩子獲得成功經驗也很有助益。就此而言，我們可以透過確保孩子沉浸在如後特色的敘事——強調語文識讀的主體能動本質，以及採取特定主體能動角色——從而有效達成這兩方面的目標。我們知道這是有效的，因為改善兒童在課業學習方面的主體能動意識，最成功的介入措施不僅包括教導有效的策略，還包括使用歸因再訓練，在其中，孩子獲得幫忙而得以講述關於他們課業表現的主體能動故事。這些介入措施不僅改善兒童的主體能動意識，而且激勵他們對於後續課業活動的參與投入（Foote, 1999; Schunk & Cox, 1986; Skinner, Zimmer-Gembeck, & Connell, 1998）。

你可能有過類似經歷，孩子在學校上課時，帶來了從小在家耳濡目染學會的文化敘事，通常就是家人之間合作一再講述的家庭故事。這些敘事提供了一般敘說事情時可能採取的範本，以及什麼樣的人可以採取什麼樣的角色等等（Pontecorvo & Sterponi, 2002）。孩子們已經學會了，女孩可以或不可以採取某些特定角色，與特定角色連結的感覺和行動，對於某些行為應該如何看待，例如：

- 沉靜閱讀的男孩，或是雄辯滔滔的女孩。他們往往在潛移默化中，學會了主體能動性的諸多面向。
- 母親往往對女兒和兒子說出不同的故事，特別是涉及情感事件時。
- 有關玩具被人偷了的事件，如果發生在女兒身上，往往是感到悲傷，但兒子卻是訴諸憤怒（Fivush, 1994）。

箇中隱含的訊息就是，不同性別（或各種類別）的主體，即便面對

同樣的事件，也應該有適合各類別的特定情緒反應。在學校，老師的工作就是要幫助打開諸如此類的侷限，擴大主體能動性敘事可採用的方式，以供兒童學習自由運用。

男孩和女孩在講述成功、失敗故事時，往往也有性別差異。男孩學會講的故事往往是課業表現優異，可以聲稱擁有主體能動性，而比較不會講述個人失敗的故事；相對地，女孩則傾向與此相反的故事。透過這些強大的文化衍生敘事，他們實現和體驗生活當中的各種成功和失敗（Bruner, 1994b）。

教師的工作即是要翻轉此等文化、性別等刻板印象的衍生敘事，以便不分男孩和女孩，每個學生都能活出各自獨特成功意涵的經驗，對於個人所做的選擇和所採用的戰略的蘊意與影響，都能有建設性的理解。我們可以採取的做法就是，透過將主體能動敘事當中的這些元素置於顯著（前景）位置，從而幫助他們重建該等事件。

🎋重點提示

強大有力的主體能動敘事

- 邀請孩子從主體能動位置，建構和重新講述某種事件。
- 需要適切的師生關係和證據，支持敘事的可信賴度和說服力。
- 接受主體能動角色可能會涉入實質風險。
- 建立主體能動性的初期，最好從成功事件切入。
- 負面事件：預期會發生，而且具有教育價值。
- 透過不同框架，重新檢視負面情節。
- 語文識讀教師提高兒童主體能動意識的三個面向
- 翻轉文化、性別等刻板印象的衍生敘事
- 主體能動敘事的刻板印象元素置於前景，幫助重建該等事件。

主體能動很重要

　　發展兒童的主體能動意識，並不是教育領域自由派學者閉門造車、痴人說夢話的空幻理念。懷疑自己能力的孩子，往往傾向設定低目標，選擇容易的任務，他們拙於計畫，面臨困難時容易慌亂不知所措，專注力變差，開始自怨自艾，腦中盡是自己無能的故事。長此以往，他們對於學習往往意興闌珊，比較少主動熱中投入努力，產生更少的想法，變得被動和沮喪。相對地，對自己主體能動性有強烈自信的孩子，做事比較積極努力，比較能夠集中注意力，對學習興致勃勃、勇於嘗試，遭遇困難時比較不會輕言放棄（Skinner, Zimmer-Gembeck, & Connell, 1998）。由於感覺有能力，這些孩子對計畫會比較用心，選擇具挑戰性的任務，設定較高的目標。面臨困難時，他們的專注力反而會提高，並且在投入解決困難的過程中，學習到更多的技能。當然，這整個過程是循環性的，因為這些關係反映在他們的學業成功，進而增強了他們的主體能動意識。當孩子認定自己在學習方面缺乏主體能動性，他們的學習，在個人經驗和潛能展望方面都會備受侷限。主體能動意識較強和較弱的學童之間，學業表現的優劣會持續擴大，五年級以後，這種態勢會更趨明顯。

　　在語文識讀和學習中的主體能動概念，不僅是個人勝任能力、幸福感、以及學業表現的核心要素（Eder, 1994; Ivey, Johnston, & Cronin, 1998; Skinner, Zimmer-Gembeck, & Connell, 1998），同時也是民主生活不可或缺的要素。然而，僅只是個人的主體能動是不夠的。正如我們在第六章和第七章將會看到的，發展個人主體能動性和集體主體能動性，兩者都很重要，不可偏廢，因為有許多情況，單憑個人之力不足以產生重大影響；相對地，集體主體能動則提供管道，透過群屬關係而可能發展出個人主體能動身分認同。事實上，不少文獻都有記載，獨立性

（主體能動的一個面向）和群屬關係，對於兒童積極參與投入課堂活動的重大貢獻（Blumenfeld, 1992; Roeser, Midgley, & Urdan, 1996; Wentzel, 1997）。

🎬重點提示

主體能動很重要

- 主體能動意識強的孩子vs.主體能動意識弱的孩子。
- 循環性的因果影響。
- 語文識讀學習的主體能動概念。
- 個人勝任能力、幸福感、學業表現的核心要素。
- 民主生活不可或缺的要素。
- 個人主體能動性和集體主體能動性。

延伸

　　針對課堂對話，分析以下逐字稿，看看是否有辦法強化老師邀請學童投入主體能動敘事。

逐字稿1

　　比爾：你在這一頁花了很多時間，有什麼地方讓你感到困擾嗎？〔學生指出一個詞語（went through，穿越）。〕你看看圖片，告訴我，她在做什麼？

　　彼得：她好像是跳越（went over）籬笆。

　　比爾：有可能是跳越，但你再檢查看看，這句子是寫「跳

越」嗎？

彼得：喔，不是「跳越」。

比爾：你怎麼知道的？

彼得：因爲跳字的部首是足部，這個字不是。

比爾：檢查得很好。那你認爲有可能是什麼字才說得通呢？

彼得：我不知道。

比爾：「穿」說得通嗎？

彼得：哦，對了，「穿越籬笆」。

逐字稿2

老師：你知不知道怎麼念今天的故事標題（只用手指比向
封面的標題「貓坐在Mat上」，而沒有把該標題念出
來）。看看這標題有一個字，和你的名字一樣，是不
是？

Matt：我不知道。

老師：真的有喔，你看，你的名字是Matt，對不對？看看這
裡，「Mat」（墊子）和你的名字「Matt」，是不是
很相像？差別只在於這個字最後只有一個「t」，而
你的名字則有兩個「t」。現在，我們一起來念這篇
故事，我先念，你再跟著我念。好，開始囉，「貓坐
在Mat上。山羊坐在Mat上。牛坐在Mat上。大象坐在
Mat上。SSppstt。現在，你會念這些字母了嗎？

Matt：Sssss。Tttt。

老師：很好。我們現在一起來讀完《貓坐在Mat上》這本
書。

　　這兩篇逐字稿，都是擷取自一本相當出色的書籍，《學習夥伴：閱讀復原的教師和兒童》（*Partners in Learning: Teachers and Children in Reading Recovery*, Lyons, Pinnell, & DeFord, 1993），分別是該書的第162-163頁，以及第151頁。雖然在第一篇逐字稿是有一些建設性的教師講話例子，但是這兩篇逐字稿在該書都是用來顯示有問題的做法。第一篇逐字稿的問題在於，老師沒有意識到，彼得是因為故事角色而搞糊塗了，誤認為「她」指的是狐狸，而不見得真的是看不懂跳越和穿越的差別。第二篇逐字稿的問題則是，文本／任務的難度太高了，以及老師執著於閱讀教學的概念——她想方設法想讓學生辨識和念出超過其能力範圍的生字「Mat」，而不是想辦法安排讓他能夠自己去掌握閱讀這本書的進程。

第 五 章

彈性變通與知識遷移

　　同事和我閒聊，談起他女兒學習作文的事情。他說，有一次親師座談會，女兒的老師告訴他，女兒在學校作文表現不好。我同事反駁說，她在家明明寫得很棒。老師讓他看了女兒在學校的作文簿，他只好承認老師的看法。他向女兒談起這件事，女兒很驚訝，這兩種活動居然有關聯。她一向都以為家裡的寫作和學校的寫作，一點也沒有關係。我也有類似經驗，特別是在小朋友的數學領域。孩子在計算花園大小使用的策略，似乎和他們用於數學測驗計算面積的策略，沒有關聯。在寫作當中，孩子知道的許多事情，一旦換到了閱讀時，便很少轉用來解決問題。有些孩子把居家和學校空間硬是切割開來，並且深信兩邊互不相干。在這些不同的生活空間，他們講述的故事是不同的 —— 不同的文類、場域、角色和目標。即使孩子從寫作當中學到許多事情，但是當他們在閱讀遇到問題時，往往沒能搬出來使用。

　　這些就是屬於「遷移」（transfer）的問題，也就是說，沒能將某一種情境學習到的東西「類化」（generalizing）到另一種情境。長久以來，許多教師和研究人員一直苦思箇中問題的癥結。不過，在某些教室裡，孩子頗能靈活地遷移學到的東西。比方說，在我們觀察研究的一個班級，孩子們在課堂上一直都有運用「進入角色」（stepping into characters）的策略，也就是採取特定角色的觀點。後來，這班上的一個孩子在課堂外研究小鴨子時，就運用了這種策略。他藉由採取小鴨的觀點，以此為基礎，從而提出關於小鴨行為的假設論點。另外一個孩子，過去很熱中尋找這樣的平行現象，他注意到並向班上同學指出，前述那個孩子是怎麼做的。看來，當我們越少將兒童的學習圈限在各自區隔的框框內，他們就越有可能把學到的問題解決策略遷移到其他情境。在應用策略來解決給定問題的方式上，這些孩子也相當靈活。遇到不同情境時，他們並不是直接重複相同的策略，或束手無策而放棄，反之，他們可能嘗試運用多種策略。

在這裡，值得思考的是，需要哪些因素才可能使得這樣的情況發生？教師如何在不同的活動場域之間建立橋梁，使得孩子在作文展現的主體能動性，也能夠遷移到閱讀、數學或其他學習領域？他們如何讓孩子靈活應用策略，以及將策略遷移應用到新的情境？

實際上，我們先前討論過的對話，有很多都可能對靈活性和遷移有所影響。比方說，鼓勵兒童嘗試採取某些身分，就可能有助於學習的靈活和遷移。讓我們來看看以下的例子：

有一項研究對照比較，商店實習高中生和商店店長學習算術的情形。這兩組研究參與者都修讀成人進修課程，以改善算術能力（Beach，1995，引述於Cobb & Bowers，1999）。你預測，哪組的算術學習比較好？研究結果顯示，店長比較能夠將課堂學習所得遷移到商店。這最有可能是因為他們在課堂和商店都持有相同的目標和行動框架。換言之，他們在這兩種情況下，都是想要讓商店產生更高的利潤。相對地，高中生在兩種情況下則傾向持有不同目標：在課堂是要獲得知識，取得好成績；在商店則是要學習商店的營運，產生利潤。

這或許可以解釋，為什麼孩子為了讀寫測試學習的字詞，通常沒能遷移到他們的寫作。一旦孩子將作家（或科學家、數學家等等）的身分融入自己之中，他就可以問自己（不必然是有意識地），在新的情況時，身為作家的自己可能會怎麼做，因為這些角色不會在單一的情況停駐不動。想像自己是作家，也可以幫助將寫作經驗遷移到身為讀者的活動。

以下幾位教師談話的例子，雖然我們尚未親身遭遇過，但是我們認為，介紹這些例子應該有助於鼓勵學習的遷移和靈活性。

🎐重點提示

遷移

* 定義：將某種情境、領域學習到的東西，類化到另一種情境、領域。
* 策略：嘗試採取某些身分。

老師好好說5.1：「人們在創作故事時，開始著手的一個切入點就是去思考已知的事物。數學家也是這樣做⋯⋯。」（Allington & Johnston，2002a，頁180）

提醒孩子，在開始新的活動時，可以先去盤點已經知道的事物（用目前的術語來講，就是「激活先備知識」）。這樣做可以發揮若干功能，摘述三點如後：

1. 降低有待解決之問題的規模。
2. 把新的問題放在舊的或已經解決之問題的脈絡中。
3. 打開新知識和先備知識之間更多連結的可能性。

不過，要完成這項特殊的邀請，還需要額外的配套步驟。它代表了讀者面臨的問題類似於數學家面臨的問題，鼓勵主動將策略移用到看起來相當不同的活動。靈活解決新問題的能力取決於，首先是如何看待問題——解決問題所需的策略是否被看作類似於其他、熟悉的問題（Kuhn et al., 1995）。這樣的邀請鼓勵孩子增加他們尋找問題相似性的重疊界限，超越活動的表面結構，跨入到更多隱喻的層次。在這方面，「讓我們⋯⋯」的協作取向也很重要。以協作取向來解決問題，有助於打破不同任務之間的界限，因為協作者可以帶來不同的視角，將問題放

入不同的框架，使其更像是熟悉過去曾經成功解決過的問題。稍後，我們會更詳細談論這方面的主題（請交叉參閱第五章，尤其是有關「我們……」的各則「老師好好說」）。

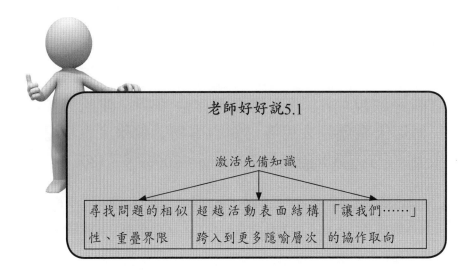

老師好好說5.1

激活先備知識

| 尋找問題的相似性、重疊界限 | 超越活動表面結構跨入到更多隱喻層次 | 「讓我們……」的協作取向 |

老師好好說5.2：「是否還有其他可能的……」

孩子在解決問題時，那是很美好的。事後，我們可以請她告訴我們，她是如何解決的。孩子在回想、講述這樣的故事當中，就有機會建立其主體能動性。完成這點之後，就是最佳的時機，得以詢問她是否還有其他方式可能解決該等問題。這樣做維持了選擇的可能性（因此維持了主體能動的可能性），在此同時，也維持了靈活性——總有其他可能的方式。即使是不太成功的經驗，在指出有哪些方式成效不錯之後，還是可能考慮一些問題解決的選項，譬如：「是否有什麼地方，你可能會有不同的做法？」

這強調事後反思，是否可能有其他不同的選擇，諸如修訂和編輯等等。不過，在使用諸如此類的問題時，可能會涉入些許危險。所以，需

要有**安全**的師生關係，能夠確保探索過去的決定是有趣的，而不會淪爲責怪過去做了哪些不好的決定。

請注意，「其他的」是非常強大的說法，除了可以建立靈活性，同時還能夠暗示一系列其他重要訊息。比方說，「作者還有哪些其他的寫法呢？」

這種問法不僅建立了一種靈活的進路，也提示學生，寫作總是有意向的，並且隱含不同的結果。爲了使學生更容易意識到此等隱含的提示，我們可能會問，如果採用這樣或那樣的寫法，讀者的詮釋可能會如何改變？類似的方式，我們也可以問：「你認爲，他們（讀者）可能還想要知道什麼？」

這樣的提問，打開了寫作可能納入的其他方向，同時也提醒年輕作家應該關照對於讀者的責任。這也提醒學生，作家對於寫作題材總是有所取捨抉擇，他們得思索決定哪些題材應該納入，哪些題材又應該排除。把這個概念帶回到兒童閱讀，開啓了「批判素養」的核心對話：作者沒有告訴我們什麼、誰的觀點沒有呈現等等。

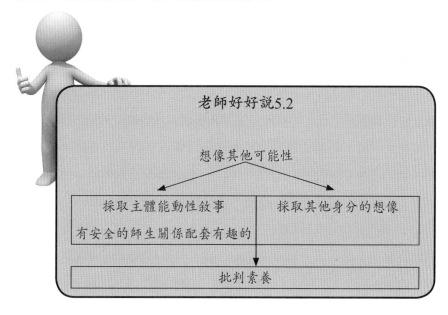

老師好好說5.2

想像其他可能性

採取主體能動性敘事 有安全的師生關係配套有趣的	採取其他身分的想像

批判素養

老師好好說5.3：「那就好像是……」

「好像是」這個詞有兩個主要功能：

1. 邀請注意連結（與其他經驗、書籍、作者、情況、做法、詞語等等的連結）。
2. 形成隱喻。

　　這兩種功能不僅是學習遷移的根本要件，也是理解和推理的根本要件。連結是理解的核心。連結提供定位錨和讀取路線。連結越多，讀取就越靈活。

　　遷移涉及克服活動之間的「表面差異」，差異越大越不容易克服，遷移就越不容易發生。例如，閱讀網頁和閱讀書本有相當的差異，因此，孩童將其中一方面學到的遷移到另一方面的可能性就會比較受限。這樣的道理也適用於不同類型的寫作或閱讀。提高遷移的可能性主要涉及簡單克服這些外顯的差異，並鼓勵兒童問某種活動（問題或角色）和另一種活動（問題或角色）有何相似之處。這意味著超越文字表面，跨進到「隱喻」的思考，而「好像」這樣的字詞對於喚起隱喻思考是非常好用的。我們希望孩子不僅問自己：「我對這個有什麼了解？」我們還希望他們也能問自己：「我知道這個和那個有什麼類似的地方嗎？」

　　在此同時，隱喻思維有助於遷移，這種方式有其他好處。隱喻提供了新的理解和深化意義的途徑，「一隻腳踏在已知領域，另一隻跨向未知之境。」這些即是茱迪絲‧林德福斯（Judith Lindfors，1999，頁170）所說的「伸展機制」（reaching devices）。比方說，關於並聯電路的教學，威廉遜（June Williamson，引述於Wharton-McDonald & Williamson，2002，第92頁）解釋說：「電流會找到另一條通道，就好

像是行經車流量多、壅塞不通的路段，有時你可以繞過該路段，改道而行。」至於串聯電路，她則比喻為世界大賽（美國職棒大聯盟的年度總冠軍賽）：「一場接著一場，勝隊才能晉級。輸一場，你就出局了。」

事實上，布萊恩・薩頓史密斯（Brian Sutton-Smith，1995，頁87）指稱人類的心智基本上就擁有多層隱喻的功能，他觀察指出幼兒擁有相當程度的隱喻思考能力。他指出：「一旦孩子會說話，就會透過聲音反覆來回玩起隱喻的遊戲。」例如，他說他看到兩歲孫女在沙坑玩耍，「先倒沙子，叫它可樂；然後把沙子堆成圓形，把它稱為雞蛋；然後加長形狀，稱之為香腸；然後敲來打去，發出各式各樣的聲音韻律，就稱為一首歌曲，諸如此類等等。孩子手中的材料屬性，透過喉嚨，『吐出』一連串隱喻各種東西的字眼。」與貝特森（Bateson, 1979）看法相近，薩頓史密斯認為，思想的進化需要透過尋找形式之間的相似性，因此，隱喻對思想的進化是不可或缺的。

隱喻也有其他附帶屬性。當應用於人時，它強調人類的共通性高於個人和個別文化的特殊性，因此對於建立關愛、寬容的社群是滿有建設性的。不過，因為隱喻喜歡做比較，這也可能會提高了人們去注意反差、缺乏共通性和析取邏輯（disjunctions）等情形。總之，以隱喻為基礎的思考，不僅是問題形成和學習的關鍵基礎，也是批判素養的關鍵基礎。比方說，我們可以詢問各種待人處事方式的相似和相異。

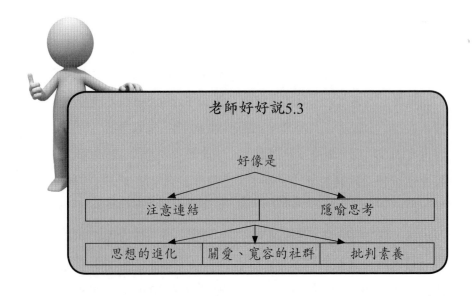

老師好好說5.3

好像是

注意連結	隱喻思考

思想的進化	關愛、寬容的社群	批判素養

老師好好說5.4：假設性問題：「如果是⋯⋯，你認爲會怎樣？」

思維靈活和隱喻涉及擴大想像力，假設性問題就是持續致力於釋放想像力。假設性問題可以協助將適合於特定情境或身分的策略，嘗試擴展到其他情境或身分。因爲我們平常不太可能習慣性地讓自己置身於多種情境或身分，所以我們就需要幫助孩子做心智實驗來思考其他情境或身分，試看看該等策略或想法會怎樣，並提供必要的調適。比方說，孩子告訴我們，他如何設法研究他正在寫的歷史小說作品的人物，我們可能會問：「如果你是在寫科學報告，那些科學寫作的策略，對你現在的處境可能有什麼幫助呢？」

「如果⋯⋯，會怎樣⋯⋯」和「假設⋯⋯」之類的邀請，還有額外的好處，能夠啓發兒童假設談話和抽象思維的能力。「如果⋯⋯，會怎樣⋯⋯」和「假設⋯⋯」是思維實驗（mind experiments）的基礎，讓孩子有機會。這些能力對於建設性的個人選擇，以及民主生活所需的協

同意義生成和解決方案協商，都是至關重要的。在此同時，這些問題還可以發展兒童的辯論技巧，特別是因爲此等問題邀請「如果……，然後……」陳述和背後的思考。在敘事語境中使用的「如果……，會怎樣……」假設問題，也可以發展兒童對敘事結構的理解，因爲這類問題需要運用敘事邏輯來建構另類可能性。

這些假設性的設想可以用來探索世界、行爲和選擇，而無需涉入眞正的後果。瑭・葛雷夫（Don Graves, 1994）指出，假設性的設想，例如：「假設你要在這個故事中插入對話，你會考慮放在哪裡？」可以產生必要的學習，又無需顧慮到實際去做可能需要投入諸多努力而心生抗拒。它打開了想像力得以騁馳若騖的空間，完成必要的教學，而無需涉入現實的風險。當然，一旦想像出各種可能的做法，就有可能驅使人想要將該等想法付諸實際行動。

假設性的想法或說詞是發明出來的東西，從而得以跨越已知和理所當然的框限，所以也是邁向批判素養的有用途徑。例如，關於男性和女性運動員的薪酬差異的討論，揭示了許多兒童認爲那是完全合情合理的。然而，當問到：「如果你母親是運動員，那會怎樣？」大多數孩子突然就發現這實在不合情理。像這樣的想像實驗，可以讓人們注意到習以爲常而疏於注意的事物，並幫助使用我們的經驗來理解我們沒有經歷的可能事件。

老師好好說5.4：
假設性問題

- 思維實驗：假設談話和抽象思維。
- 瞭解多元版本現實。
- 思考其他情境或身分。
- 民主生活協商解決問題。
- 批判素養。

老師好好說5.5：「好玩的語言」

離開靈活性和遷移的主題之前，還有一點不得不提，那就是「好玩的語言」（playful language）。語言遊戲讓語言和識讀實踐比較不會充滿壓迫感，並邀請實驗替代的實踐和現實。蘇斯博士（Dr. Seuss）之類的作家，對於這點知之甚明。遊戲和各種語言遊戲可能特別有建設性。很少有比語言遊戲或打油詩之類的諧仿文類更好的方式，可以吸引孩子注意語詞和文本的結構。卸除了意義的重擔，無意義的聲律揭開了文字的內部結構，轉而成為有趣、好玩的對象，而不再是戰戰兢兢、如履薄冰的惱人負擔。在文本的層次，打油詩之類的諧仿文類，也有類似的功能。事實上，薩頓史密斯（1995）提醒我們，維高斯基對於遊戲的立場。我們可以，

想像兩個女生在玩「兩姐妹」的遊戲，以此作爲範本，來闡明規則結構在遊戲當中首次產生的方式，從而得以讓意義從中湧現，並從日常生活脈絡中汲取出抽象的意涵。他說，「從發展的角度來看，創造想像的情況可以視爲發展抽象思想的手段。」（Vygotsky，1978，頁103）如果這應該是眞的，那就很有可能是眞的，這意味著遊戲對於認知有一種直接而非間接的關係。（頁72）

依循巴赫廷（Bakhtin）的觀點，薩頓史密斯（1995，頁71）觀察指出：「笑聲是最原始形式的諧擬和諷刺，透過插科打諢的方式，攻訐神聖不可侵犯的法則，它是生命基本形式的不正經回應。」換句話說，它是靈活打破規則和界線的好工具。作爲邁向批判素養的工具，語言遊戲也是不可或缺的。

還有一個額外的好處，正如我在開頭提到的，語言遊戲可以培養孩子對語言的興趣。比方說，師生共同讀了威廉・史塔克的《魔法骨頭》（*Amazing Bone*，1976；小魯文化，2014）之後，老師就可以把其中出現的一些好玩的說法，應用在課堂上，「活這麼一大把骨頭……」，「我的老太爺骨頭喔，喔，喔，您都沒有臉可紅嗎？」或更好的，「你這臭毛蟲，渾身臭到骨子底的惡魔！」或甚至「Yibbam sibibble！」，諸如此類借用自書上讓人忍不住哈哈大笑的說法，就可能讓孩子當下停止不規矩的行爲。這些說法之所以能用來勸誡，乃是因爲孩子都知道該等說法的出處，所以可能產生預期的趣味，從而沖淡了譴責訓話的負面感覺。在此同時，這也了豐富了孩子的詞彙和建立他們對語言的興趣，並且成爲他們進一步語言發展的絕佳資源。

老師好好說5.5：
「好玩的語言」

- 讓語言識讀比較少壓迫感。
- 邀請實驗替代實踐和現實。
- 注意語詞和文本的結構。
- 靈活打破規則和界線。
- 批判素養：停止不規矩的行為。
- 豐富詞彙：建立對語言的興趣。

更長的例子

在此環節，我認為有必要將一些簡短的語言片段，放在比較完整的對話脈絡，所以讓我給一個比較長的師生互動的例子，以便檢閱先前介紹的大部分說話術如何兜在一塊。這是一段寫作研習課師生對話的逐字稿，擷取自卡爾・安德森（Carl Anderson, 2000）的《近來情況如何？》（*How's It Going?*）。

> 卡爾：你知道嗎，瑪雅，你就像很多寫回憶錄的作家一樣。
> 就是好像《點點滴滴》（*Little by Little*）故事裡的那
> 個小珍……同學嘲笑她戴眼鏡的那個女生，記得嗎？

瑪雅：好像有。

卡爾：你和小珍一樣，都在文章裡擠進了許多場景。但是，小珍不是只開展了第一個場景，其餘就完全沒有開展。她大部分的場景都有開展，這些真的有幫助我們瞭解她經歷了什麼。你可以試著改寫，好讓它比較接近我們這個學年在課堂上讀過的那些回憶錄。我希望你試試看，從那些沒有開展的場景裡挑選一個，把它拉長，就好像把生日蛋糕的蠟燭拉長一樣。

瑪雅：好的。

卡爾：你想挑哪一個場景來試試呢？

瑪雅：我覺得……我還滿喜歡現在寫的。

卡爾：我可以理解，但我還是要對你有所挑戰，希望你能夠像作家一樣勇敢嘗試，像小珍那樣開展若干場景。如果你試著改寫之後覺得不喜歡，那也沒關係……。我會督促學生儘量放手去嘗試一些做法，我相信應該可以幫助他們成為更好的作家。好了，你想要擴充哪一個場景——「拾荒」、「上床睡覺」、「媽媽幫你把被子蓋好」……

瑪雅：好，那我試試「媽媽幫我把被子蓋好」那一段。

卡爾：〔讓瑪雅拿出一張新的活頁紙，開始試著改寫〕下課前，我會過來和你一起檢查，看看你對改寫結果是否滿意。（頁77-78）

　　這段師生對話真的非常強而有力，當卡爾回過來看瑪雅的情況，瑪雅對結果感到相當滿意，並選擇要好好利用她剛才增修的新內容。以下的表格，回顧我看到的這次對話的重要部分。

也許有些地方，我似乎過度衍生了某些課堂談話的意圖和影響。我相信應該不至於如此。不過，退一步而言，就算我的推論只有一半屬實，持續諸如此類的課堂話語交流，日積月累下來，勢必也能發揮強大的效果，而且不僅只是卡爾一位老師，而是在各地許許多多的老師都在運用類似的課堂對話術，來協助孩子投入主體能動敘事，因此更讓我對此深信不疑。一旦這些課堂對話變得自然而然，那些蘊含特定角色、關係、立場、權威、主體能動、認識論、對話主題和預期身分的談話與互動方式，也將會變成兒童對話的一部分。

在本章和前一章，我強調的是鼓勵孩子成為能動主體的課堂對話，使其能夠獨立自主行動，發展主動積極和負責任的自我形象意識。在某種程度上，這涉及辨識多元而靈活的看待問題和解決問題的方式。如果老師不能達成此等教育目標，一旦孩子離開教育環境，前景可能很難樂觀。不幸的是，不少學生離開校園之際，相信自己已經學到很多，但卻沒有自信能夠獨立思考，也不認為自己足以勝任主動探究的挑戰。我們越多加幫助孩子建立主體能動性，使其能夠獨立自主地投入探究和問題解決的人生挑戰，越少看到探究領域之間的界限，他們就越有可能將學習所得遷移到學校以外的世界。

不過，即便這樣還是不夠的。我希望孩子不僅可以看到自己成為獨立自主的探究個體，而且還是多元化探究社群的一份子，所有成員透過積極參與和多樣化的觀點分享，有所貢獻於社群所有成員的智識成長。有關這些面向的教師課堂對話，就是下一章將要介紹的主題。

卡爾的回應	詮釋
瑪雅，你就像許多寫回憶錄的作家一樣。	卡爾提供了一個特定的身分：寫回憶錄的作家。他命名指出，寫回憶錄是作家身分所做的一種值得注意的事情。

卡爾的回應	詮釋
就是好像《點點滴滴》故事裡的那個小珍……同學嘲笑她戴眼鏡的那個女生，記得嗎？	卡爾使用一個特定的例子，向瑪雅顯示，前述的身分宣稱〔回憶錄作家〕不是空泛的讚美，並且顯示寫作和作家的平行關係，也顯示兩人生活的平行關係。「好像」也成為比較常態化的談話和思考的方式。
你和小珍一樣，都在一篇文章裡擠進了許多場景。	卡爾提出更多證據，來支持瑪雅的作家身分，並且打開一種可能的方向，給瑪雅試著去回想自己的生活和書寫故事。他命名指出「場景」，提示瑪雅去注意和分析。
但是小珍不是只開展了第一個場景，其餘的就完全沒有開展。她大部分的場景都有開展……	卡爾命名與詳細說明，範本作者使用的寫作程序或策略〔開展場景〕，並且指出〔肯定〕瑪雅也有使用，從而提出進一步的任務分析。
這些場景真的有幫助我們瞭解她經歷了什麼。	卡爾顯示，作者使用程序或策略帶來的效應，以及寫作具有的主體能動性和意向性本質。
你可以試著改寫，好讓它比較接近我們這個學年在課堂上讀過的那些回憶錄……	卡爾給瑪雅的寫作打開了主體能動的可能性，連帶也提出了挑戰任務。
我希望你試試看，從那些沒有開展的場景裡挑選一個，把它拉長，就好像是把生日蛋糕的蠟燭拉長一樣。	運用，卡爾邀請瑪雅改寫先前主體能動敘事。任務分析，並且打開了後面的寫作策略安排。
你想挑哪一個來試試呢？	卡爾提供選擇，在這過程中，也邀請瑪雅採取主體能動的角色，可以自己選擇，但又有相當的侷限。

卡爾的回應	詮釋
我可以理解，但我還是要對你有所挑戰，希望你能夠像作家一樣勇敢嘗試，像小珍那樣開展若干場景。	卡爾認可瑪雅所表達的主體能動性，接著再表明自己的相對定位與權威，挑戰瑪雅接受前面提供的身分。這裡的挑戰是要完成特定身分的敘事。如果瑪雅接受這項挑戰，她勢必得承擔起像小珍那樣的作者身分。這樣的身分是邀請的程度有多高，這種敘事邀請的程度就有多高。
……如果你試著改寫之後，覺得不喜歡，那也沒關係……	卡爾提供瑪雅一種敘事，她可以重新取回主體能動性，在前面提供有限制的選擇時，主體能動性暫時被剝奪。
我會督促學生，儘量放手去嘗試，我相信應該可以幫助他們成為更好的作家。	卡爾提醒雅瑪，他的角色是老師，在此同時，也提醒瑪雅，她的角色是作家。但是，「幫助他們成為……」也意味著她在自己的成長當中，也擁有主體能動的角色。
好了，你想要擴充哪一個場景──「拾荒」、「上床睡覺」、「媽媽幫你把被子蓋好」……	「好了，現在你是擁有主體能動性的作家和學習者，你希望怎樣重寫你的故事？」卡爾提出特定的選項，於此同時也肯定了瑪雅的主體能動性。透過這樣特定的說法，也顯現他對瑪雅生活的細節的確有興趣，進而強化了他的老師角色以及瑪雅的作者權。
下課前，我會過來和你一起檢查，看看你對於改寫結果是否滿意。	萬一瑪雅決定放棄卡爾提供建議改寫的敘事，卡爾立即將瑪雅不滿意的敘事關閉，並顯示對瑪雅個人與其作者身分的興趣。

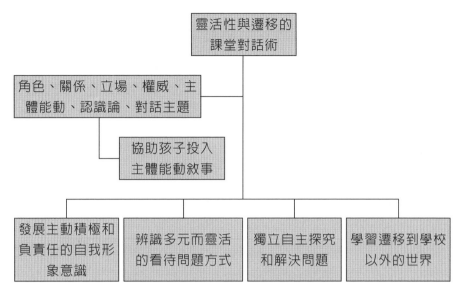

學習的遷移（類化）與靈活性

第六章

致知之道

　　說到教育最深遠的影響，就是給了我們問學致知的身分認同，這回答了「我是誰？」的問題，也回答了「世界是什麼？」的問題……而這也給了自我圖像和世界圖像的知識，定義了自我和世界兩者之間的關係……還有問學致知者的本質是什麼？知識的本質是什麼？兩者之間關係的本質是什麼？這些都是屬於認識論學科探究的問題。

　　——〈教育作爲心靈啓迪的旅程〉，帕瑪（Palmer, 1993）

　　長久以來，在兒童學校教育當中，有一種師生互動的普遍模式，就是所謂的IRE模式：

- I（Initiation）：老師啓動
- R（Response）：學生回答
- E（Evaluation）：老師評估（Cazden, 2001; Coulthard, 1977）

　　IRE模式有時也稱爲IRF模式（F = Feedback〔回饋〕。關於回饋，請參閱Wells，2001）。例如，考慮以下互動（Johnston, Jiron, & Day，2001，頁226）：

　　老師：我們這一整年一直在學習所謂的「序列」。那序列究竟是什麼呢？[I]
　　學生：是順序嗎？[R]
　　老師：沒錯。[E]……告訴我《波普先生的企鵝》（*Mr. Popper's Penguins*，理查・艾特瓦特 & 芙蘿倫斯・艾特瓦特原著；遠流出版社，2016）書裡發生的一些事

情，然後，我們來把這些事情依時間先後排順序。

[I]

學生：他畫畫。[R]

老師：好的。還有什麼？[E]

學生：有個人在屋頂上走。[R]

老師：好。[E]我們知道那個人是誰嗎？書裡有給他名字
　　　嗎？[I]

學生〔詹姆斯〕：沒有，他是走鋼索的特技演員。[R]

老師：謝謝你，詹姆斯。[E]

學生：庫克船長（譯註：企鵝當中的老大姐）築了一個巢。
　　　[R]

老師：好的，非常好。[E]企鵝築巢時，它叫什麼？[I]

在這一連串的課堂對話進行當中，老師一直都在嚴加控制。我們之所以如此說，有幾個原因，簡述如後：

1.隱而未宣地認定教師已經知道什麼是學生需要知道的，因此擔當評斷學生回答對錯或好壞的角色。就師生雙方的相對地位而言，教師是擁有權威性的知識提供者，學生則是不具有權威性的知識接受者。

2.IRE模式如果改稱為QRE模式，就是把「I」改成「Q」，或許更為適切，因為老師的啓動（Initiation）幾乎總是採取提出問題（Question）的形式。問題施加的控制甚至更多，不僅要求學生必須回答問題，指定對話的主題，很多時候還會規定回答的形式。比方說，是非題形式的問題，除了問題的主題會受到限制，還會進一步限制學生只能回答「對」或「不對」之類的封閉答案。

這一連串的對話，似乎可以作為本章的前引文。帕瑪提出的問題，提供一個答案：知識是由教師擁有的事實組成的，他們擁有知識的權威，將其傳輸給兒童，兒童只有透過如此傳輸給他們的知識才得以認識世界。這也就是高登‧威爾斯（Gordon Wells）所謂的「傳輸式」（transmissionary）的知識和溝通模式（Wells, 2001）。

相對於上述的知識和認知模式，還有其他不同模式可供選擇，在知識的所有權和建構中，兒童都扮演了更主動、更積極的角色。正如Barbara Rogoff & Chikako Toma（1997）指出：「學會作為資訊接受者的角色，把所接受的資訊展現出來……（不同於）共同努力來構思想法，在後面這種模式當中，參與者可能選擇採取相當多種不同的角色，例如，投入共同探究、一起嘗試把玩想法、密切關注其他人的思路。」（頁475）下面的例子，談話後來轉成了對話，這當中隱含的前提就是學生有經驗能夠投入思考，而且學生說的話也值得傾聽。我認為，這些對話的樞軸就在於，邀請學生投入更有建設性、生產性的知識建構互動（Johnston, Jiron, & Day, 2001）。

重點提示

知識論模式

- IRE模式：老師啟動—學生回答—老師評估。
- IRF模式：老師啟動—學生回答—老師回饋。
- QRE模式：老師提問—學生回答—老師評估。
- 「傳輸式」的知識和溝通模式。
- 另類模式，知識所有權和建構，兒童扮演更主動、更積極的角色。

老師好好說6.1：「讓我們一起來看看，我這樣的理解對不對。」（然後開始試著總結摘述學生們的意見。）

透過反思學生所發表的意見，老師即時肯定了學生的發言，顯示她有在認真傾聽，並打開學生反思的空間，鼓勵他們去修正或挑戰其他人提出的看法。在這裡，老師不可採取評價者的角色，除非這話中的語調確實有該等用意。另外，還有一種替代說法是：「先暫停一下，讓我們來看看大家已經討論出什麼。」

雖然完成的是同樣的事情，但是在這裡，老師的角色不是旁觀者、傾聽者，而是作為學習社群的一員，幫助社群策略性管理探究過程。這過程的關鍵乃是透過從「我」（個人）轉變為「我們」（社群）來實現。

老師好好說6.1：

「讓我們一起來看看，我這樣的理解對不對。」

- 老師肯定學生的發言，邀請學生反思，去修正或挑戰其他人的看法。
- 老師作為學習社群的一員，幫助社群策略性管理探究過程。

老師好好說6.2：「還有任何問題嗎？讓我們從這些開始。」（老師將學生提出的問題，逐一寫在黑板上。）

徵求學生問題的用意，是要將話題的控制權交給學生，或至少能夠針對話題進行地位更平等的商議，前提是學生的問題得到老師的認真

對待和跟進。這樣一來，這些問題就會成為具有更重要屬性的探究素材（請參閱Lindfors，1999）。其中有一項重要屬性就是，建議學生在知識生產中扮演非常不同的角色。再者，也改變了學生對於學校的概念，以及其學校教育與個人興趣的關係。當學生列出了相當數量的問題之後，他們就可以開始決定哪些是最重要而且是值得討論的。結果，他們越來越善於提出有趣的問題（Comeyras, 1995），特別是如果還有鼓勵他們去進行分析。比方說，老師點出一個特定類型的問題，然後說：「所以，你們可以提出讓班上同學發揮看法的問題嗎？那真的是很好的問題。」這種提出有效問題的能力或傾向，對兒童主體能動性與批判素養的發展，有很大的貢獻。對話語境特別適合發展這種能力，特別是兒童在探究某事時可以互相提問，還有學會分辨，什麼時候適合把問題建立在他人的問題之上，或是挑戰他人的問題（Burbules, 1993）。

這並不像聽起來那麼容易。因為大多數教師接受的教育認識論，使得我們許多人總認為自己有義務回答學生的問題——我們知道答案，或是更精確地說，我們認為我們應該知道答案。事實上，有時候如果我們不回答，學生還有可能會覺得我們沒有善盡老師的職責，從而感覺若有所失，甚至心生怨懟。當我們有回答學生問題時，我們站上了權威的地位，使學生再次處於不那麼有力的地位，並且陷入老師自說自話的獨白語境。在這當中，我們還是有「I-R」（啟動—回應），不過，是反過來，先由學生啟動，再由老師來回應。然而，這當中還是有缺點，由於教師和學生之間的權力落差，學生不太可能評估（至少不太能公開評估）我們的答覆。儘管有這些問題，但是礙於學校經驗使然，一般學生往往還是堅信，老師應該占有唯一的權威地位，整堂課都是老師講、學生聽。他們對於學校已經被灌輸了根深柢固的概念，對於長久以來的學生角色，即使備受壓迫，也已經習以為常，甚至還可能感覺輕鬆自在些，就像逆來順受繼續待在受虐（但可預測）的關係中一樣。

老師好好說6.2：
「還有任何問題嗎？讓我們從這些開始。」

- 將話題的控制權交給學生。
- 提出有效問題的能力或傾向。
- 兒童主體能動性與批判素養的發展。
- 傳統教師接受的教育認識論：教師知識權威角色。

老師好好說6.3：（留白）

　　孩子評論之後，老師神情專注的沉默或留白（silence），有時稱為「等待時間」（wait time），不過如果稱為「思考時間」，可能會更貼切。在大多數教室裡，大部分時間都是老師在說，學生思考的時間微乎其微。很少有老師等待，容許學生從容思考的情形（Dillon, 1988; Nystrand et al., 1997）。表面看來，保持沉默似乎微不足道；但研究顯示，適度的留白，可以容許學生有較為寬裕的思考時間，進而有助於提高學生發言時間，談話更能持續、延展，也會有較多「高階的」思考（"higher order" thinking，請參閱Carlsen, 1991; Honea, 1982; Fagan, Hassler, & Szabl, 1981）。事實上，有時候，教師可以試著減緩對話，凸顯「思考」的地位，將其從背景拉到前景來，以利學生發展反思習慣。比方說，在瓊・貝克老師的課堂上，當學生討論找出問題解決方案時，貝克老師問他們如何檢查，然後說：「讓我們再多花一分鐘來消化一下這個問題……〔長停頓〕。」（Johnston & Backer，2002，頁50）

　　當老師沉默、等待時，她就不是占據班上發言的唯一地位。如果是在一對一的談話，這種沉默、等待就約略等於是告訴學生：「你能多說

一些嗎？」也就是說，老師可以穿插使用「等待時間」和「你能多說一些嗎？」來鼓勵學生進一步思考和發言。總之，這些反應方式傳達的訊息就是，「我對你要說的話感興趣」，這賦予孩子擁有發言權威的地位。這也邀請學生發展諸多肯定自我的身分認同，包括「我的經驗和知識很重要」。思考時間也傳達了尊重的態度，這是維繫學習社群的命脈。當教師等待孩子想出某事或自我糾正時，箇中傳達的訊息是：她期待孩子能夠想辦法完成該等任務。沒能適時保持沉默、等待，則傳達出相反的訊息。

在小組討論中，思考時間可以邀請別人來發言，效果相同。思考時間將常規IRE模式改變為IR模式，以尋求學生提出更延展的回應，或來自不同學生的新回應（這有賴於老師配合給出非語言的線索，諸如凝視方向）。這也使得有可能從IRE模式轉向IRR模式，或者在某些教室運用的IRRRRRRRR模式，其中「I」不一定是由老師提供。在本書後面，我們將陸續看到IRR是更具建設性的互動模式，箇中理由有很多，詳細討論說明請參閱後面章節。

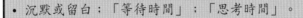

老師好好說6.3：

（留白）

- 沉默或留白；「等待時間」；「思考時間」。
- 思考時間將常規IRE模式改變為IR模式。
- IRE模式轉向IRR模式（或IRRRRRRRR模式）。
- IRR是更具建設性的互動模式。
- 賦予孩子發言權威地位。
- 邀請學生發展肯定自我的身分認同。

老師好好說6.4：「謝謝你指正我的錯誤。」（Adams，1995，頁137）

　　這則「老師好好說」，翻轉了現行課堂教學隱含的認識論（預設學生是無知的，有待老師傳授知識），也翻轉了隱含其中的師生權力落差。這評論隱含著，學生可以完成大多數課堂不可想像的舉動：指正老師的評論。這也向學生肯定，指出老師的錯誤，不僅在課堂上是可以接受的，而且也值得鼓勵。這種反應肯定了兒童在話語中的權威性，也表明了老師是可能出錯的，並且強調師生雙方共同投入智識活動。總之，避免溝通錯誤和指正錯誤，是師生雙方都應該關注的問題。這種師生聯合切磋琢磨、探究問學的實踐，是探究社群的核心概念。

　　另一位老師在回應一個學生的問題時，把這點表達得很清楚：「我真的不知道，我沒有答案。讓我們一起來找答案吧，因為……你們知道的，我很喜歡自己去摸索答案。」（Johnston & Quinlan，2002，頁133）對我們許多老師而言，要向學生說我們沒有答案，那是很難啓齒的；不過，這樣的回應有很強的影響力。這重申共同（「讓我們……」）智識探究，定位學生在積極主動的角色，並強化研究問題的動機，特別是透過肯定問題的重要性。在此同時，也促使學生可能提出更多的問題，並打開了探索問題的諸多可能途徑：「有什麼方法可以來研究這個問題呢？」

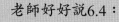

> **老師好好說6.4：**
> **「謝謝你指正我的錯誤。」**
>
> - 翻轉現行課堂教學隱含的認識論：老師教／學生學。
> - 師生權力落差。
> - 接受老師是可能出錯的。
> - 師生聯合探究問學、互相學習。

老師好好說6.5：「這是非常有意思的看法，我沒這麼想過，得再好好想想。」（Johnston & Backer，2002，頁42）

關於這則「老師好好說」的意涵與重要性，我需要補充一些上下文脈絡。在開學之初，這個班級討論一本書，一個成績在及格邊緣的學生發言，內容有些不著邊際，簡直就像從外太空蹦出來的。老師表情很認真地說：「這是非常有意思的看法，我沒這麼想過，得再好好想想。」箇中傳達給學生的認識論觀點即是：「我不期待大家都應該用同樣的方式來思考問題。我尊重你們，也肯定你們每個人都有值得發表的看法。歡迎大家踴躍發言，老師一定能夠從大家的寶貴意見中獲益匪淺。」這也向班上學生說，老師並不知道所有問題的答案，觀點必然會有所不同，並且進而理解到，老師真心期待和重視不同的觀點，同時也肯定學生有重要的看法值得發表（包括不同於老師的觀點）。

基本上，這種評論的功用是要讓學生繼續投入對話。沒能做到這一點，教師的工作將會變得非常困難。在我看來，像這樣的評論，許多教師很可能會感到不自在，因此也就特別能夠揭顯真正的教學天分，尤其

是老師說這話並不是虛情假意的偽裝，而是真心相信自己能從學生那裡學習。

> **老師好好說6.5：**
> **「這是非常有意思的看法，**
> **我沒這麼想過，得再好好想想。」**
>
> - 老師並不知道所有問題的答案。
> - 老師真心期待、重視學生的不同觀點。
> - 老師真心相信能從學生那裡學習。

老師好好說6.6：「你是怎麼知道的？」

這則「老師好好說」的問句，使用時機是在學生似乎掌握某種知識的情境，例如，書寫或表達字詞或成語、陳述事實、或確認答案等等。透過「你是怎麼知道的？」，老師得以邀請學生針對知識的產生、證據來源或引述權威、理論化等，進行敘事說明。

這個問題假設學生可以採取智識嘗試或評論的角色，即使學生所做的嘗試，事實上可能不是很正確。另外，也可以採用類似的問法：「這樣的答案（立場，或其他東西），某人是怎樣得出來的？」這也就是邀請學生採取某人的角度，來設想該人是如何得出該等答案、立場之類的東西。這當中，很重要的一個訊息就是，學生可以是有知識而且具有主體能動性的。而且這個問題隱含的假設訊息，力量更為強大，因為不是明言說出，所以也就沒得質疑，而是直接肯定了學生如此的地位。這個問題也將重點從知識狀態（知道什麼）轉向認知過程（如何知道）。認真看待人們如何知道他們認為什麼是真的，乃是批判素養的一個重要元素。

老師好好說6.6：
「你是怎麼知道的？」

- 邀請學生，針對知識產生、證據或引述權威、理論化等敘事說明。
- 學生可以採取智識嘗試或評論的角色。
- 主體能動。
- 從知識狀態轉向認知過程。
- 批判素養。

老師好好說6.7：「我們可以怎樣來檢查呢？」

　　這則「老師好好說」的問句，和前一則問句有緊密的關聯，使用時機是在閱讀或寫作，或檢視社會研究、文學、政治聲明、科學假說或理論時，如何理解某個字詞的意義。這一群類的問句和評論（譬如：「我們如何能夠確定？」「什麼讓你有如此的看法？」）所代表的建設性知識論，就是將兒童置於知識生產的主體能動角色，並且承擔此等角色相應而來的權利和責任。

　　在這裡，責任意味著學童之間必須交叉檢查各自知識信念的來源和保證。他們開始拿這些問題來問自己和其他學童，並期待大家來互相協助檢查。這要求學生使用訊息來源或邏輯來提高他們對知識建構的信心，而不是尋求外部權威來證實其知識的可信度。在其中一些評論中，老師使用「我們」這個詞，取代「你」，例如：「我們可以怎樣檢查呢？」從而把證明的責任移至群體，而不是由個人來單獨承擔。如此一來，可以避免提供知識的個人無法在眾人面前回答此等問題，同時也能

夠讓她或他在其他同學發表看法之後，有能力或信心加入大家的討論。
當學生各自提供可能的檢查方式，並且集體思考問題時，個人即可從中
學得群體的思維過程。關於這一點，第七章將會有更充分的探討。

老師好好說6.7：

「我們可以怎樣來檢查呢？」

• 建設性知識論將兒童置於知識生產的主體能動角色。
• 承擔此等角色的權利和責任。
• 學童交叉檢查各自知識信念的來源和保證。
• 把證明的責任移至群體，而非由個人單獨承擔。

老師好好說6.8：「你們同意這樣的看法嗎？」

老師可以適時提出這樣的回應說法，邀請大家發表不同的意見，或
至少有必要尋求進一步資料來釐清問題。用意是要讓學生瞭解，有不同
看法是可以接受的，事實上也是很正常的，而且人們也有權擁有不同的
意見，這是參與民主社會所必需的。

這也可以用來提醒大家，把個人立場闡述清楚，說明支持或反對某
種見解的邏輯。當學生闡述個人立場的邏輯，想法的來龍去脈就會變得
比較清晰，其他同學就可以看看是否認同。這樣的思考是在真實而且與
個人切身關懷的問題脈絡下進行，隨著其他不同見解的陸續提出，論述
邏輯就必須進一步調整修正改進，而思考也會因此越來越複雜、縝密。

這可透過增強他們的社會想像力，從而發展孩子的批判素養。在這
個例子當中，就是增強他們想像其他人的社會生活意圖和邏輯的能力。

如果我們鼓勵他們在閱讀和寫作當中發揮想像力，設身處地去想像其他人的社會生活意圖和邏輯，如此一來，就能有助於增強社會想像力，從而發展他們的批判素養。

老師好好說6.8：
「你們同意這樣的看法嗎？」

- 邀請大家發表不同的意見。
- 有不同看法是可以接受，也是很正常的。
- 參與民主社會所必需。
- 闡述、修正個人立場的邏輯。
- 增強社會想像力，發展批判素養。

老師好好說6.9：「這是觀察，還是推測？」（Johnston & Backer，2002，頁47）

這句「老師好好說」的來源是，有所小學校園誕生了一群小鴨子，自然科老師於是藉此機會帶領學生進行研究，為期一週，讓學生輪流觀察和記錄小鴨子的行為及發展。「這是觀察，還是推測？」就是要學生區分「觀察」和「推測」，提醒他們注意，「確證」（有觀察事實作為基礎）和「宣稱」（純屬個人推測）兩者的不同。這也向他們指出，人們傾向在觀察所見之外，添加額外的意義。正如迪安娜‧庫恩（Deanna Kuhn）等人觀察指出：「嬰兒週歲大左右，就會開始根據時間前、後發生的事物來做出因果推論……。事實上，這種推理策略被過度學習（儼然第二天性），這也成為導致問題叢生的癥結所在。」（Kuhn et al.,

1995，頁15）這種回應方式也要求學生必須審慎提防自己（和他人）
的用語，不要含糊其辭，混爲一談，這些乃是批判素養的核心元素。

老師好好說6.9：

「這是觀察，還是推測？」

- 區分觀察和推測。
- 提醒學生注意，確證和宣稱兩者的不同。
- 審慎提防自己（和他人）的用語，要精準，不要含糊其
  辭。
- 批判素養。

老師好好說6.10：「不要完全相信我所說的一切，也不要照單全收成人告訴你們的事情。」（Wharton-McDonald & Williamson，2002，頁82）

這則「老師好好說」肯定了沒有人能夠永遠高踞真理的寶座，權威
應該總是要接受質疑、檢查，並尋求證據保證。這是批判素養的另一個
核心組成元素。凡人都可能犯錯，此乃人之常情；沒有任何權威絕對不
會出錯，無論立意如何良善、地位如何崇高，任何權威都不可能絕對不
會出錯。不僅如此，教室裡的這些孩子不會被迫進入如後的認識論觀點
角色——死記教師和教科書傳達的知識。他們學習體會到，語言並非只
是傳遞訊息的工具。這些孩子並不否認語言的溝通功能，而是把教室
中的多元語言來源，包括教師、書籍、網路、其他學生和他們自己的
語言，視爲思維的工具（Nystrand et al., 1997; Wertsch, Tulviste, & Hag-
strom, 1993）。

在這裡，我無意暗示這些教師從未使用課堂講授的方式，或是從未採行簡短的IRE模式。清楚而顯明的告知模式講課法，當然有其存在的地位。撰寫本書時，我請教多位同事對我的草稿提供指正和建議。有些時候，我尋求並且也得到同事爲我上了迷你版的一堂課，或是與此相當的回饋（透過書籍和文章的形式）。這些語言作爲「傳遞資訊」工具的例子，並沒有干擾我去研究教師課堂對話意涵和其他用途的信念，也沒有減損我是在進行一項「可改善目標」的看法（Wells, 1998, 2001）。如果我要推廣我對於教學的若干思考見解，當然還有很多事情有待我去理解。任何我所能獲得的幫助，我都會虛心領教，並且妥善利用。因爲我認同主體能動的探尋者身分，並投入如此身分去探尋，這並不意味著我就必須從頭開始學習一切。但是，整體而言，目前一般學校教育現場對於尋找有建設性的課堂提問方法，其重視程度和投入的努力仍然有很大的改善空間（Lindfors, 1999）。在此同時，教師同仁在決定要說多少以及如何說等方面的技巧，也不應低估。要學習這些技巧，需要有教師同儕團體之類的學習社群，以便他們能夠時常有機會交流、切磋、練習。

老師好好說6.10：
「不要完全相信……」

- 權威應該總是接受質疑、檢查，並尋求證據保證。
- 批判素養。
- 孩子不會被迫進入死記教師和教科書傳達知識的角色。
- 主體能動的探尋者身分。
- 建設性的課堂提問方法。
- 教師同儕團體、學習社群。

延伸

如果你想把課堂對話轉成我所描述的方向,首先要規劃讓孩子們能夠投入開放、公開的對話。

1. 分析底下摘列的黛比·米勒老師的課堂互動(Miller, 2002b)。請注意,她如何定位學生相互的角色、她自己的角色、課堂探究的主題,以及她如何擴展他們的主體能動意識。思索你可能添加的任何其他評論,或你可能採取哪些不同的回應做法。

　　黛比老師:哦,你們學了很多新東西喔,可以談談你們都學
　　　　　　了什麼嗎?

　　學生1:是啊,我們學了很多。

　　黛比老師:嗯,告訴我,你們學到了哪些東西。

　　學生1:嗯,我學到海洋有好幾層。

　　學生2:是啊。

　　黛比老師:海洋有好幾層,什麼意思呢?

　　學生1:就像是,你知道,雨林有好幾層。就是像那樣,只
　　　　　不過,雨林有更多層……海洋只有三層……三層。

　　學生2:沒錯,有三層。

　　黛比老師:所以,你的意思好像是說,海洋有頂層,這是怎
　　　　　麼回事?然後還有中層……

　　學生1:還有底層。

　　黛比老師:哇!

　　學生2:對啊,我還學到中間那層叫作微光層……暮光
　　　　　帶……

　　黛比老師:是喔。

學生2：在1000公尺下面。

黛比老師：在什麼的下面？

學生2：在頂層下面1000公尺。

黛比老師：哦，頂層。很好。

（全班有更多的討論）

黛比老師：太有趣了。只是坐在這裡，我就學到了這麼多。我最好讓你們繼續分享讀書心得。謝謝你們教我認識這麼多種類的魚。你們有其他的閱讀紀錄和心得嗎？

學生1：有啊，你有看到這個嗎？

黛比老師：真的很棒，請繼續，你們都做得很好。

2.下次當你在回應學生的說詞時，不要問任何問題，開始簡短解釋說明，運用暫停模式。在有趣的地方說「哇」，並暫停和等待，或者說：「我很好奇，如果（某種可能狀況）……，那會怎樣……」，然後暫停。最重要的是，如果有學生說了什麼，你要表現出對此感興趣──「哦，很有趣……」（語氣充滿熱情），然後暫停。不管發生什麼狀況，都不要說諸如「好」、「對」、「是」之類暗示判斷的回應。提供相關的評論，譬如：「我以前也有像那樣的感覺……」（暫停）。當你有提問題時，保持問題開放，也就是容許孩子有選擇如何回答的自由空間，例如：「還有其他人也曾經有這樣的感覺（經驗）嗎？」請注意，鼓勵學生投入參與的原則包括：不要急著對學生的任何回應做出評價判斷，還有記得提供充足的思考時間。如果你很難暫停，可以試著在心裡慢慢默數1、2、3、4、5，或是數到10，這樣自然就能留下可供學生思考反應的時間，然後再回到你先前暫停的話題。

3.從旁維持課堂對話的進行，但不要讓你（老師）成為對話的中

心。瑪格・威爾斯老師（Marg Wells, Department of Education Training and Employment, 2000）教的是二年級學生，她使用了以下策略。首先，他們在課堂上進行一項調查，詢問學校內外生活有哪些讓自己關心的事情，還有請他們描述所住社區和世界的各種情況。接著，再問其中有哪些事情讓他們感到擔心、憤怒或快樂，他們想改變什麼。如此找來的話題，都是孩子切身關心的，比較能夠吸引他們認真投入，也得以帶來多元觀點和承諾。

4. 請學生針對你們一起閱讀的書本，提出問題來討論。鼓勵他們把問題寫下來，越多越好。不要審查或排斥他們所提出的任何問題。把這些問題全部念出來，公開讓大家知道這些問題多麼地有趣，並告訴他們，因為他們顯然不會有時間去討論出所有問題的答案，也許可以全班討論或分成幾個小組討論，並從當中挑選三道問題來回答或思考。一旦他們能做到這一點，你可以進一步讓他們向作者提問，譬如他們想知道，作者在書上沒有寫到哪些事情或細節。

5. 對於較高年級的班級，如果只有少數學生準備好討論書中的問題，老師可以試著在黑板寫下有爭議的立場句，看看誰同意或不同意。比方說，如果閱讀的是《鞋貓劍客》（*Puss in Boots*），那麼或許可以提供如後的立場問句：「在這本書中，鞋貓為了自己的利益，對所有人說謊，甚至謀殺某人。他不是『好人』呢？」如果他們有所遲疑，不太敢發言表達立場，老師不妨可以試著請他們針對某個立場是否是他們最信服的來回答「是」或「否」；在此同時，也讓他們理解，在討論階段，隨時都可以改變立場。在科學領域方面，他們可能用預測來做這件事，然後討論如何可能提出支持特定立場的論據，從而確立其可信度。

第七章

進化與民主的學習社群

民主不是既定的所有物，也不是有所保障的成就，而是
永遠在發展中。民主或許可視爲一種可能性，關於道德和想
像力的可能性。當然，民主必然與人們彼此關注、照顧和互
動的方式有關。民主必然與選項和替代選項有關，有能力以
另類的觀點，去看待事情其實可能是其他不一樣的樣貌。

　　——〈教育在民主的角色〉，葛琳（Greene，1985，頁3）

民主社會的公民對自己的反應有信心和熱情，但他們也
願意保持開放的心胸，考量他人的觀點，並且能夠協商達成
兼顧尊重個人多樣性和社群需求的意義和行動。

爲了克服盲目追隨權威的心理傾向，我們需要培養自信
心，相信自己有能力解釋和判斷我們在世界各地觀察到的事
物。但是，自信和勇於直言的個人必須輔以一種行事傳統，
以便能夠調和個別反應之間的差異。

　　——〈閱讀與民主〉，普拉德爾（Pradl，1996，頁11-
12）

回想一下，「兒童成長融入他們周圍的智識生活」（語出維高斯
基），智識生活，根本上乃是社會性的。兒童在學習時，置身其中的社
會關係，也是學習的一部分。兒童就像成年人一樣，在支持的環境中可
以比較安心地去冒險，嘗試新的策略和概念，並在智識上擴展自己，學
習成效會更好。之所以如此，不僅是因爲學習社群提供了支持的環境，
使成員更能在沒有風險的情況下擴展自己的思想；再者，也是因爲與學
習相連結的社會關係，乃是所學知識不可分割的一部分。總之，學習社
群不僅是關於支持而已。爲了使其具有進化性，成員之間也需要彼此挑
戰。當然，這並不是要爭奪權力，而是要透過挑戰來「幫助彼此學習，

並檢查、約束個人主義或自私思維的傾向」（Young，1992，頁8）。

　　有些教師特別擅長於建立學習社群，這樣的社群可以讓個別孩子感到受重視和支持，並且有助於維持建設性和批判性的學習。如果孩子曾經努力想要做些什麼，以便能夠建立有利於大家的學習環境，那麼他們肯定就有過學習社群的經驗。遺憾的是，在英國和美國，學生比較缺乏這樣的傳統。即使有分組活動，往往也只是徒具形式，很少有投入真正的團隊合作，分享想法和努力朝向共同目標邁進（Tsuchida & Lewis，1996，引述於Rogoff & Toma，1997）。由於人們傾向會內化參與投入的對話種類，因此，我們應該認真考量這些學校互動的性質及其可能的蘊意或影響。底線是，我們需要瞭解如何去構建或參與投入學習社群，以便大家都能夠擴展個人的發展。

　　本章介紹的各種課堂對話術，旨在展現教師如何使用語言來建立關懷和尊重的學習社群。這種社群是好玩、有趣的，但在此同時，參與者在完成工作的過程中，認真看待彼此的想法。這種社群的基本特質是，對共同投入參與的情況和活動都有一些共通的理解。這並不意味著他們全都意見一致，但他們都同意會努力去相互理解，相互投入彼此的行動。他們基本上都同意，在一段時間內是同屬一個社群集體群思的一員。我們希望如此的社群能夠提供民主和進化的智識環境（Rogoff & Toma, 1997; Young, 1992）。

重點提示

- 兒童在學習時，置身其中的社會關係也是學習的一部分。
- 學習社群提供了支持的環境。
- 進化性的學習社群，成員之間也需要彼此挑戰。
- 孩子感到受重視和支持，維持建設性和批判性的學習。
- 提供民主和進化的智識環境。

老師好好說7.1：「我們」

當學生同意接受這個邀請，加入課堂社群，基本上，「我們」這簡單兩個字就發揮了邀請和表達團結（solidarity）或群體歸屬（affinity）的一種語用功能。教師在互動中使用集體代詞，就得以鼓勵學生投入建構和陳述集體敘事。比方說，問：「就這個問題而言，我們的看法（立場）是什麼？」就會邀請學生給出類似如後的回應：「我們都同意目前需要哪些補給品，而且馬上就去發傳真。」如果有真正的社群任務或專案，每個人（或至少有一群人）都投入其中，那當然會更有幫助。共同目標的聯合活動，不僅產生了協力合作的能力和慾望，並且也產生了一種默會理解，明白這樣做是正常的。將兒童的感覺與有效能的群體過程沿著如此方向相連結，有助於確保他們真正有去尋求這樣的過程；在此同時，也將自己置於有助於潛能發展的學習情境。

老師好好說7.1：
「我們」

- 「我們」發揮了邀請和表達團結或群體歸屬。
- 鼓勵學生投入建構和陳述集體敘事。
- 有真正的社群任務或專案。
- 共同目標的聯合活動。

老師好好說7.2：「還有誰也喜歡那本書？」

這一系列的「老師好好說」，是要邀請學生投入社會想像力。背後的想法是，要明智地回應這樣的邀請，必須有能力去理解別人的興趣和能力。另外，不言而喻的假設是，與他人談論他們看的書和興趣是很正常的。在此同時，以這些方式更多地瞭解彼此，就越不可能傷害對方。在鼓勵這種共享知識的教室，孩子似乎能夠在不使用同儕競爭鞭策的情況下，幫助彼此找到適合個人興趣和程度的書籍。除此之外，當被問到還有誰可能會想讀這本書，有個學生指出：「可能是小柏……他是……他不是那種愛笑的人，他笑得不多。在這本書中，他可能會笑。」（Allington & Johnston，2002，頁201）

事實證明，閱讀和寫作，乃是瞭解他人的自然管道，而且有些教師即是採用閱讀和寫作來達成此一目的。在學期初的時候，威廉遜老師向學生解釋道：「這學期初，我們開始做傳記，部分原因是這能配合我們這學期的學習目標——認識彼此，以及對自己有更好的理解。」（Wharton-McDonald & Williamson，2002，頁80）同樣地，討論閱讀的書籍也可以促進共同理解和社群歸屬感，還有一種關懷感。

> ### 老師好好說7.2：
> ### 「還有誰也喜歡那本書？」
>
> • 社會想像力。
> • 理解別人的興趣和能力。
> • 閱讀和寫作是瞭解他人的自然管道。
> • 促進共同理解和社群歸屬感，還有關懷感。

老師好好說7.3：「你們認為她對此有何感覺？」

這則「老師好好說」的問句，使用時機包括在教室生活的日常管理，以及小說或虛構故事之類的討論。事實上，建立現實和虛構這兩方面的連結，是相當有教育價值的。當學生在教室裡發生口角時，我們詢問孩子，對方可能有什麼樣的感受，以及為什麼會有那樣的感受。我們堅持認為，學生想像自己站在對方的立場來思考，承擔自己的行動對他人的影響。再一次，這些都是主體能動性和民主生活的核心要素。在此同時，我們也在建立兒童所需的社會想像力，不僅讓他們得以理解所閱讀的故事，此外還能想像他們的寫作可能帶給觀眾的影響，以及作者為什麼會做他們所做的事情，進而有可能去批判閱讀他人的寫作。

以這種方式發展兒童的社會想像力，也容許他們看見故事乃是從某一個觀點來陳述，其他觀點則沒有呈現出來。譬如老師可能會說：「你們知道我想聽誰說嗎？我想聽聽寶琳（故事人物）的想法。」邀請孩子透過指定的角色，重新講述故事，以及邀請他們說說在特定的環節上，他們有什麼感覺和想法，這些都是擴展此等面向發展的另一種方式。

兒童心理發展在這些方面之間的關係很複雜，卻很少被理解。例如，兒童的社會想像力與幸福感有關（Eder, 1994）。三至八歲的孩子當中，幸福感較強者所講的故事，傾向有更多的同理心和群屬關係；相對地，幸福感較弱者，同理心和群屬關係則比較少。這些通常都沒有標準化的測驗可供檢視，所以因果關係仍不明朗，但如果有機會能產生這樣的附帶利益，又沒有明顯的成本，那我就說，何樂而不為！瞭解自己需要理解他人，以及體會我們是如何地相似，又是如何地相異。這需要建立廣泛的社會想像力，這樣我們就比較能夠感同身受，看見和體諒彼此的處境。從長遠來看，我們越能夠跨出自我，將心比心來協調互動，我們社會整體和個人的發展就會越多。

老師好好說7.3：
「你們認為她對此有何感覺？」

- 建立現實和虛構這兩方面的連結。
- 主體能動性和民主生活的核心要素。
- 想像自己站在對方的立場來思考。
- 社會想像力。
- 透過指定的角色，重新講述故事。
- 社會想像力與幸福感有關。

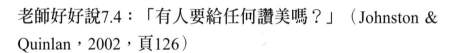

老師好好說7.4：「有人要給任何讚美嗎？」（Johnston & Quinlan，2002，頁126）

　　這則「老師好好說」是四年級老師瑪麗・艾倫・昆蘭在有點奇怪的時刻，話鋒一轉，向學生提出這個不尋常的問題，邀請他們對彼此說正面的話。這屬於她在課堂上推動常態化的更大對話當中的一部分，包括談論個人目標和彼此相互關聯的方式。這具有鼓勵學生注意彼此正向行為的效果。不僅如此，學生原本不知道她的用意，但他們很快就明白了，並且開始注意誰可以使用稱讚。這樣話題的轉換之所以能夠發生，原因應該是她也在努力讓學生能夠自然而然地在教室暢談彼此正在進行的學習活動，以及他們有什麼樣的感覺，例如，感覺有努力更積極地投入小組討論，能夠更長時間保持專注，或者閱讀更多的書籍。

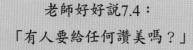

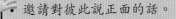

老師好好說7.4：

「有人要給任何讚美嗎？」

- 邀請對彼此說正面的話。

- 鼓勵學生注意彼此正向的行為。

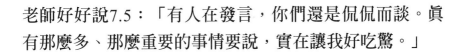

老師好好說7.5：「有人在發言，你們還是侃侃而談。眞有那麼多、那麼重要的事情要說，實在讓我好吃驚。」

這則「老師好好說」的出現時間點是在瓊·貝克老師某課堂討論期間。當時有個學生正在發言，底下好幾群學生也各自爭論得不可開交。老師此話一出，立即讓學生注意到這個問題（並消除之）；再者，也提醒他們爲什麼要傾聽彼此，還有應該注意社群應有的態度：互相尊重。另外還有一種稍微婉轉的說法，比這更多了些正向力道，但沒有那麼嚴肅、正經，那就是透過集體讚許的方式，比方說：「我喜歡你們眞正傾聽彼此的感覺。」

老師好好說7.5：

「有人在發言，你們還是侃侃而談⋯⋯實在讓我好吃驚。」

- 提醒為什麼要傾聽彼此。
- 注意社群應有的態度：互相尊重。
- 集體讚許。

老師好好說7.6：「我好奇⋯⋯」

「我好奇⋯⋯」，代表一個族群的語言潤滑劑。這種帶有開放可能性的短語，標誌著「提議可能的假說」或「邀請暫時的設想」，以便探索、改善或深入某議題的討論，但並不是堅持非得如此不可。團體討論要順利進行，就需要這種潤滑劑或「暫態標記」（"tentativeness markers", Feldman & Wertsch, 1976）。其他例子包括：「也許」、「似乎」、「可能」、「或者」、「我想」等等。「我好奇（不知道）」，也可能標誌著一種特定形式的談話和可能性，尼爾・莫瑟（Neil Mercer, 2000）稱之為「探索性談話」（exploratory talk）。「我好奇（不知道）」這個短語，把多個心靈拉聚到一塊兒，以最強大的力量，集思廣義來探索同一個問題。

要確保這種課堂話術能夠順利運作，需要有信心。因為這需要持之以恆的承諾，老師必須相信重要的事情需要時間慢慢累積，不可能立竿見影。這種課堂話術確實需要時間。這種「集思廣益」或「分布

式思維」（distributed thinking）的經驗，就是莫瑟所謂的「人際心理發展區」（inter-mental development zone，簡稱IDZ）的一種例子。IDZ是根據維高斯基的「近側發展區」（zone of proximal development，簡稱ZPD），衍生提出具有較多社會意涵的兒童心理發展框架。在「人際心理發展區」，學生參與投入集體心智，設法去完成某些事情，那是個人一己之心智所無法完成的。透過如此的經驗，假以時日，個人就可能完成同樣複雜的思想任務。相較於一般理解的ZPD概念，IDZ概念具有一個優點，那就是箇中過程沒有涉入高、低階層的意涵。這無關乎已有能力完成某些事情的前輩，為後輩樹立學習鷹架以供攀登；相反地，這是眾人共同參與活動，箇中沒有高低不對等地位差別，從而促成的個人發展。

知道如何參與和產生這樣的互動，是很重要的技巧。雖然學校考試制度不見應有的重視，但在專業領域則是相當重視的。關於箇中弔詭之處，巴柏羅‧德里奧（Pablo del Rio）和亞美莉雅‧阿爾瓦雷茲（Amelia Alvarez）提出了頗具見地的解釋（Rio & Alvarez，2002，頁68-69）：

> 人類的能力乃是立基於動物能力的重建，透過社會中介和文化中介的幫助，擴展我們的社會性和工具性的生物能力。在這過程中，無能為力的個人處境迫使人類必須依賴他人的幫助，這反而成為尋求功能互助合作和分布式智能的卓越能力：我們的能力源於「共通的缺能」（shared disabilities）。……因此，這種有求於外部社會和工具中介的外展需求，不應該視為弱點——或許只在兒童期暫時接受如此觀點——反而是文化活動和發展的強大機轉。

老師好好說7.6：

「我好奇⋯⋯」

- 提議可能的假說，或邀請暫時的設想。
- 暫態標記。
- 探索性談話。
- 持之以恆的承諾。
- 集思廣益或分布式思維。
- 人際心理發展區vs.近側發展區。

老師好好說7.7：「關於這件事情，還有其他看法嗎？有沒有人有不同意見呢？」

根據已發表的研究，這種邀請並不常發生在學校。在美國，學校課堂上很少啓迪或鼓勵相互衝突的觀點（Cazden, 2001; Nystrand et al., 1997）。我們就是很少要求孩子討論同意或不同意，或詳細闡述彼此的想法——運用「其他學生的說法，作爲思維設備」（Tsuchida & Lewis，1996，引述於Rogoff & Toma，1997，頁484）。這眞是莫大的損失，因爲沒能這樣做，可能會失去很多好處：

1.這可以鼓勵學生尋求和闡明用來支持其立場的論證與邏輯。他們的思想成爲兒童發展得以發生的智識環境的一部分，並提供採取多元邏輯的動機。搜尋論證和邏輯也得以建立兒童思考的獨立性。

2. 可能出現的概念上的衝突，使兒童有可能改變和擴展他們的概念發展。當學習者必須面對和協調相互衝突的觀點時，還有當他們設法化解衝突時，孩子參與自己的發展，認知就有可能發生變化（Doise & Mugny, 1984; Schaffer, 1996）。看法分歧，相較於看法一致，更有可能促使兒童的思想向前邁進（Miller, 1986）。

3. 在如此的學習情境中，體驗他們自己的概念成長，孩子們開始得以領會到，差異實際上對他們個人有利，特別是如果此等現象發生時，我們當下就幫助他們注意到。這種理解比容忍的概念更強大。容忍需要一定程度的勉爲其難，因爲不是那麼明顯就能看到個人的利益。

4. 鼓勵投入多元觀點的實踐，基本上是民主社會的要求（Barber, 1984; Burbules, 1993），因此也是做好投入參與民主社會之準備所必需的。以平常心的態度來看待社會生活有多種的可能性，並且認同另類觀點很多時候得以幫助我們更好、更細緻地瞭解我們的研究焦點，或達成更優雅的解決問題出路，這些都是很重要的。不同的觀點幫助我們更加充實地闡明自己的立場。習慣這種邀請，因而比較常投入參與對話的孩子，往往也會比較常使用諸如「因爲……」、「如果……」和「爲什麼……」；相對地，不習慣於進行對話的學生，則比較少使用這類用語（Mercer, 2000）。事實證明，思維與模仿相反，需要兩種以上可能的觀點、詮釋、框架或解決方案。

廣納觀點的一個重要功能是，得以擴展兒童的社會想像力（Dyson, 1993），這是批判識讀素養發展諸多面向當中的核心要素。如果你不能想像某個體制的觀點，或女性觀點、伊斯蘭觀點，那麼，批判閱讀的可能性將會備受侷限。你無法想像某些事物如何可能有不同的寫法，你也可能無法想像某篇作品當中，如何可能遺漏了特定個人的聲音、觀點。同樣地，如果你無法想像觀眾可能有哪些觀點，那你就無法寫出足以取

信他們的作品，你也無法在小說中寫出令人信服的此類角色。

> ### 老師好好說7.7：
> ### 「還有其他看法嗎？有沒有人有不同意見呢？」
>
> - 啓迪或鼓勵相互衝突的觀點。
> - 建立思考的獨立性。
> - 改變和擴展概念發展。
> - 體驗自己概念成長，對個人有利。
> - 鼓勵投入多元觀點的實踐。
> - 投入參與民主社會之準備所必需。
> - 擴展社會想像力。
> - 批判識讀素養。

老師好好說7.8：「你在想什麼？停下來，和你隔壁的同學談談。」

將這種指示運用在朗讀過程中，可以引導孩子的注意力聚焦到自己的智識思辨過程，建立「後設認知意識」，以及發展分享和擴展該等智識過程的能力。在此同時，這幫助孩子理解，意義的找尋並不是關於得到問題的正確答案，因為他們很快就會明白，不同的人如何可能找出不同的意義，但卻和自己找到的意義同樣言之成理。此外，他們與同學投

入這種關於個人敘事的對談越多，對彼此的認識就會越深，也就越不可能以刻板印象來看待對方或貶低對方。刻板印象和宰制之所以可能暢行無阻，乃是將他者的複雜性化約為屈指可數的差異特徵，亦即是所謂的非我族類。

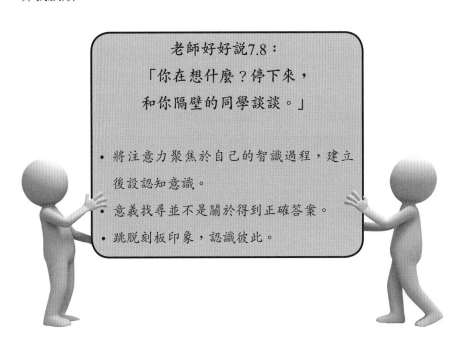

老師好好說7.8：
「你在想什麼？停下來，
和你隔壁的同學談談。」

- 將注意力聚焦於自己的智識過程，建立後設認知意識。
- 意義找尋並不是關於得到正確答案。
- 跳脫刻板印象，認識彼此。

老師好好說7.9：「你們彼此幫助，把這個問題想通了，很棒！你們是怎麼做到的？」

這則「老師好好說」，邀請學生述說一種特殊類型的敘事——非個人英雄式的敘事。在這樣的敘事中，透過某種過程（單一策略，或一系列的策略），人們協力合作，從而讓問題獲得解決。詳細複述同學合作解決問題的敘事，讓學生得以從置身的關係中，看見並賞識各種值得讚賞的不同類型貢獻，教師可以在敘事講完之後，再引導大家來回顧檢視該等貢獻。事實上，當老師幫助共同建構敘事時，往往就會提示到這些

不同的貢獻。這種敘述就是民主生活的敘事。這提醒孩子，有許多時候，獨自一個人是不太可能完成事情的，群策群力往往比單打獨鬥來得更有力量。對於批判社會行動，這是非常重要的學習。這個班級在學習如何使用和管理他們生活所在的社會和智識空間。

老師好好說7.9：
「你們彼此幫助，把問題想通了，很棒！你們是怎麼做到的？」

- 非個人英雄式的敘事。
- 詳細複述同學合作解決問題的敘事。
- 看見並賞識各種值得讚賞的不同類型貢獻。
- 民主生活的敘事。
- 使用和管理生活所在的社會和智識空間。

老師好好說7.10：「小蘭，我有注意到當某某人說話時，好像觸動了你想到什麼。你當時心裡在想些什麼呢？」（Johnston，1999，頁35）

這個和觀察有關的「老師好好說」，可能與上一個回應來自同一個教室，因為這也將孩子的注意力引向團體過程的可能蘊意和重要性。事

實上，它不算是「邀請」聯合主體能動敘事，而是「講出」一則聯合主體能動敘事。基本上，即使是來自不同的教室，這也可以說是和上一則「老師好好說」有著相同意旨的課堂對話。它發生在課堂討論期間，老師主要扮演主持角色。一個孩子正在發言，澄清一個論點，另外一個孩子小蘭，突然出聲：「哦，哦……」，並舉手表示有話要說。透過邀請她發言，老師向她（和討論小組的其他成員）指出，他人的想法對自己思考的重要性。在這個班上，還有其他證據顯示，學生們意識到了這一點。我記錄了若干例子，孩子們投入額外的時間和努力，來瞭解同學提出的不尋常評論——在許多教室中，這樣的發言很可能被忽視，甚至遭到訕笑嘲諷。在我看來，這樣的互動似乎意味著在老師的邀請之下，這些孩子已經知道重視不同的觀點，並且視為自己的學習資源。作為社會關係的基礎，這種重視差異的相互理解，輕鬆贏過了「容忍」。容忍是克制個人對差異給予負面評價的傾向，而且往往只是勉為其難地強忍著漠視或不予理會。相較之下，這個課堂討論則假設，差異是有助於個人發展的寶貴資源。

> ### 老師好好說7.10：
> ### 「小蘭，我有注意到……你當時心裡在想些什麼呢？」
>
> - 注意力引向團體過程的蘊意和重要性。
> - 講出聯合主體能動敘事。
> - 他人的想法對自己思考的重要性。
> - 重視差異的相互理解vs.容忍。

老師好好說7.11：「希拉,你知道嗎,經你這麼一說,就喚起了我的一段回憶。謝謝你,我這就把它記下來。」(學生等候,老師寫筆記)

這則「老師好好說」發生在寫作開始前的課堂討論期間,其中有幾個有趣的要點。首先,如同前面的評論一樣,它向學生展示了其他人的貢獻如何可能有益於自己的思考——即使是老師,也可能受惠於學生。其次,這也清楚肯定希拉要說的話是很有價值的,並且特別點出她的名字,從而使她處於有力的位置。老師強調這一點,並透過「我這就把它記下來」的具體舉動,提供了重要性的證據。在此同時,這表明,評論的價值除了增添新資訊之外,還可能有其他許多的方式。就此例子而言,評論的價值在於,使人想起原本沒有可能想到的回憶。

老師好好說7.11：

「希拉,經你這麼一說,就喚起了我的回憶。謝謝你,我這就把它記下來。」

- 他人的貢獻有益於自己的思考。
- 老師也受惠於學生。
- 肯定學生說的話是很有價值的。
- 用具體行動(記下來),提供重要性的證據。

老師好好說7.12：「你怎麼知道談話已經到了終點？」

這句「老師好好說」出現的時間點是，讀書討論小組變得不像是在討論，有些難以繼續下去。老師走向討論小組，問他們發生什麼問題，但不是譴責他們。同時間，有好幾個學生爭相回答。她說：「聽起來好像難以確定談話是否該終結了。你們覺得該如何決定談話結束了呢？」她補充說，同學們也許可以將小組討論過程錄音，然後隔天做一些分析。別忘了，他們是四年級學生。在這裡，學習的不僅僅是如何管理自己的認知，重點更在於理解學習環境如何使得對話「進化」，從而促成個人認知（Young, 1992）。簡單來說，這就像不只是學習如何管理單一電腦，更要去理解電腦網絡和使用該等網絡的眾人如何促成你的發展。因為要這樣做需要理解，如何以道德上有建設性、生產性的方式，進用和管理個別差異，而且還必須是相互支持、維繫的方式，這也就是民主生活所謂的「進化」過程。

老師好好說7.12：

「你怎麼知道談話已經到了終點？」

- 如何管理自己的認知。
- 理解學習環境如何使對話「進化」，促成個人認知。
- 民主生活的「進化」過程。
- 以道德上有建設性、生產性的方式。
- 進用和管理個別差異。
- 相互支持、彼此維繫。
- 促成個人與集體的成長、轉化（進化）。

老師好好說7.13：「這就是你處理涉及很多部分的複雜決定的一個可行做法。先把它分解成若干部分，再分開來逐一處理。至於有哪些部分，都是可以開放討論的。」
（Johnston & Backer，2002，頁49）

　　一群小四學生剛剛花了一些時間，針對解剖已經胚胎成形的鴨蛋，辯論所涉及的倫理議題，這討論涉及了類似墮胎的複雜道德兩難議題。辯論的學童各說各話，毫無交集，眼看不太可能有任何進展。老師將整個議題拆解為一系列比較可能做出決定的局部議題，在掛紙白板上畫出系列流程圖，解釋說明，並提供明確的討論策略指導例子。在針對每個部分進行簡要討論之後，孩子們最後都能夠對每個部分做出接近共識的決定。我曾經出席過許多會議，發現有不少成年人似乎都不太熟悉這種社會智能的管理做法。雖然這些技巧並沒有出現在任何重要的測驗當中，但絲毫不減損其極為可觀的社會價值，甚至是經濟價值。

　　民主生活是關於社會層面的集體問題解決。事實上，教育可以說就是為了要致力於提高學習者的問題解決能力（Clay, 1991; Dewey, 1985; Freire & Macedo, 1987）。我在這個句子當中「學習者的」（learner's）一詞所有格的標點符號使用雙層的撇號，這樣寫並不是寫錯了，而是有兩個原因。首先，大部分的問題解決是在社會層面，而不是個人層面。第二，要在個人解決問題上變得更加完善，需要受益於與人合作解決問題，以及將該等合作解決問題的能力內化。正是這種個人利用社會合作，來提升個人的解決問題能力，以及集結個人的問題解決能力，來提升集體的解決問題能力，從而使教育得以取得進化的本質。

老師好好說7.13：

「這就是你處理複雜決定的一個可行
做法……」

- 將複雜議題拆解為一系列比較可能做出
  決定的局部議題。
- 畫出系列流程圖。
- 解釋說明並提供討論策略指導例子。
- 民主生活是關於社會層面的集體問題解
  決。
- 教育的進化本質。

　　身為個人，我們只能在各自所處的社會環境和它提供給我們的話語工具範圍內，來追求進化。社會整體的進化，需要個別成員知道如何使用所能取得的社會工具，以期突破此等限制。當我們成年之後，必須能夠使用分布式思維，來克服個人經驗和個人思考邏輯的侷限性。我們必須學會利用多樣化的經驗、觀點和智識資源，來解決民主生活中出現的問題，同時也要從中努力推進我們個人和社會整體的智識發展。兒童邁入成年之際，如果已經見習養成這些認知和生活方式，肯定是民間企業、組織和公家部門爭相邀約的人才。彼得・辛格（Peter Senge, 1994）描述了他所謂的「學習型組織」（learning organizations），主張不僅是個人，組織也必須致力於學習。但是，當然了，這兩者絕非互不相干的。

　　更重要的是，我們生活在民主社會，而「強民主」（strong democ-racy, Barber, 1984）要求我們必須擁有學習型社會。正如詹姆斯‧博沃德（James Bovard）所說：「民主絕對不只是兩匹狼和一隻羊投票決定要吃什麼當晚餐。」（Bovard，2003，頁10）只有投票是不夠的。我們必須群策群力，產生最有建設性的辦法來解決社會問題，同時還必須理解，我們對於解決社會問題的看法將會有所分歧，而如此的分歧將使我們得以跨越個人視野，進入到原本可能沒能想像到的另類出路。我有信心，在離開小學之前，有些孩子已經建立起這種主體能動意識，並且期望他們將會投入這樣的對話。他們（和我們）越是能夠體認到教育不是單純獲得更多知識，而是要提高他們形塑和解決有意義問題的能力，我們就越有可能實現此等目標，減少教育和生活之間的鴻溝。我們必須協助他們做好準備，能夠投入比我們目前有更好的關於教育和生活的對話。這就是「進化社會」，實際上也是民主社會的真諦所在。

⚑重點提示

教育的進化本質

- 個人利用社會合作，來提升個人的解決問題能力。
- 集結個人的問題解決能力，來提升集體的解決問題能力。
- 使用所能取得的社會工具，以期突破限制。
- 使用分布式思維，克服個人經驗和邏輯的侷限性。
- 利用多樣化的經驗、觀點和智識資源，解決民主生活的挑戰。
- 努力推進個人和社會整體的智識發展。
- 學習型組織。
- 強民主。
- 教育和生活的對話。
- 民主社會的真諦。

延伸

　　當然，老師是有可能自行發展教學實踐的做法。我們可以將自己在課堂上的言談錄音，再運用諸如本書的參照框架，以茲檢視我們的語言。我們可以訪談學生，聽聽他們有什麼話要說，再想想該等學生的說話可能源自於我們的哪些課堂對話用語。然而，建立學習社群是更有效而且愉快的方法。雖然維高斯基沒有這樣說，但我相信他應該也會同意，就像孩子一樣，老師也成長並融入他們周圍的智識生活中。我把這個論點稱為強斯頓對於維高斯基原本論點的衍生推論。

　　本書所有的語言和邏輯，都適用於教師和學生。就如同孩子一樣，我們也必須對智識環境進行一定的控制，以便能夠持續有所進展。這需要我們建立建設性的（教師同儕）學習社群，使用本書探討過的語言對話術，並且反映出其他相關聯的諸多面向。這還需要投入開放式的活動，亦即不是單一進路的唯一解決方案，並允許學生多樣進路或切入點，這些都需要我們闡明我們的思維。

　　現在，你對於課堂對話的諸多面向應該有了相當的感覺。接下來，讓我們把這些整合在一起，用來想想孩子們有什麼話要說。在第三章，我們已經看過了蔓蔓談話的摘要。我在「附錄B」中，摘錄了四個學生的談話摘要，其中有一個與蔓蔓同班，另外兩個則是同屬於另外一個班級。找幾個同事一起閱讀這些摘要，並進行下面的活動。

閱讀「附錄B」的四個小型案例，並進行以下活動：

1. 和你的同事各自決定哪兩個學生來自同一個班級，並且互相闡述各自決定所依據的邏輯。一行一行分別決定，想像每個老師說了什麼，才可能促使學生做出該等回應。

---

2. 以常模標準而言,這兩個班級各有一個學生比另一個學生更有能力。決定個別班級當中,哪一個學生比較有能力,再闡述你做出該等決定所依據的邏輯。

第八章

結論：
邁向成人之美的老師教育觀

活著，我們就置身語言之中。

你必須改變你的文字。

——肯卓克・史密塞曼（Kendrick Smithyman，引述於 McQueen & Wedde，1985，頁27）

要理解他人的言語，僅僅瞭解對方的話是不夠的，我們還必須理解其想法。但即使如此還是不夠，我們也必須知道話裡的動機。

沒釐清可能的動機之前，對於言語的任何心理分析都不算完整。

——《思考和語言》，維高斯基（1986，頁253）

在短篇故事〈美好時光〉（Quality Time）中，作者芭芭拉・金斯沃爾芙（Barbara Kingsolver）向讀者介紹了米黎恩，她意外發現自己懷孕了。米黎恩告訴妹妹珍妮絲：「我都還沒有想清楚，我有什麼可以傳給孩子。」珍妮絲開口大笑。

依照珍妮絲的說法，養兒育女是3%有意識的努力付出，另外97%根本就是自動駕駛。「你怎麼想你該告訴他們什麼，一點也不重要。重要的是，他們一直都在那裡看著你，然後在你沒注意的時候，那個只買兩樣東西的女人，已經超前排到你前面了。車子卡在水洩不通的車陣裡，你整個人癱趴在方向盤，只能對著前面硬要插進來超車的傢伙猛按喇叭，詛咒大罵。生米都煮成熟飯了，自欺欺人又有什麼用。」（1989，頁68）

　　教學就像養兒育女一樣，大部分時間都是自動化的。我情願相信，在教學中，有意識的努力，比例可能要高一些，特別是在教育計畫部門；但是，如果認真想想我們接下來要說的，當我們與孩子互動的情況，那還滿讓人汗顏的，我們並沒有給他們充分的關注，而且有不少時候可能也是敷衍多過於真誠以對。孩子會立即注意到這一點——在我們說話當中刻意的停頓，例如：「那……很好。」認為孩子不會注意到這些，是嚴重低估了他們對語言的理解能力。所以，我們必須思考的問題是，什麼能讓教師真誠、自動和一致地說出美好的事情？

　　我說「一致」（consistently），因為當我們說出什麼話，不管我們原本打算的是什麼意思，聽者總會參照當下情形（如他們所理解的）、他們過往的經驗，以及之前後和之後所說的話等等，從而設想出話中所聽到的意思。因此，我們在本書各章節中所傳達的關於注意、身分、主體能動性和認識論等資訊，就像是交織成人之美教育織錦的線頭一樣，必須與課堂對話術環環相扣，互為表裡，缺一不可。我們不能單獨抽出採用特定的語詞、片語和句子，無論該等話術顯得多麼妙用無窮。我們不能把這些課堂對話術視為彷彿可以單獨成立的教學工具，可以隨意拿起和放下，否則就是捨本逐末。

　　我提出「真誠」（genuineness）的問題，因為說話的是人類。人們說的話與說話者的身體是分不開的。舉凡音色、音高、語調、抑揚頓挫等等，無一不會受到說話者的感覺、態度和所置身關係等等的影響。如果身體和其他關鍵指標給出相衝突的信息，我們就不可能有效使用某種特定的語言。如果我們對某個孩子感到失望、生氣或滿心歡喜，或是認為某個孩子有學習障礙或特殊天賦，我們或許不會直接說出來，但我們的言談間還是可能流露該等感受或想法的影響痕跡。金斯沃爾芙所謂的「你所看到的」，不僅止於我在本書重點凸顯的那些課堂對話說法。停頓、咳嗽、嘆氣、皺眉、姿勢等等，都是我們的語言的一部分，此外還

包括我們組織安排課堂的方式、設計的活動、提供的資源等等。所有這一切，都是教室話語的一部分，並且彼此交互影響。就是在這所有一切組合而成的脈絡之中，孩子找出語言的意義，以及建構出關於他們自己和其他人的意義。

　　當然，我剛才提到的一致性和真誠性，可以說是一體兩面。我所描述的教師，邀請建設性、生產性的認識論，邀請學生進入有趣的對話，並真心對他們要說什麼感興趣。但他們更普遍地對學生本身感興趣，而不只是對他們貢獻的想法。當這些老師到達學校和白天期間，他們經常與學生投入個人接觸，設法去瞭解學生的生活中有哪些事物對他們是重要的，以及哪些東西可能變得與他們相關。事實上，這種「個人接觸」使他們更容易與學生達成對學習情況的共同理解 —— 所謂的相互主體性（intersubjectivity），從而使得師生有可能共同投入智識解決問題。這些教師還設法安排，促使孩子能夠學會如何來相互理解，容許他們建立集體的相互主體性。在這樣一個「人際心理空間」（"inter-mental space", Mercer, 2000）之內，孩子們可以一起思考，在彼此的想法基礎上建構新的想法，創造一個能夠擴展彼此心智的共享智識空間。

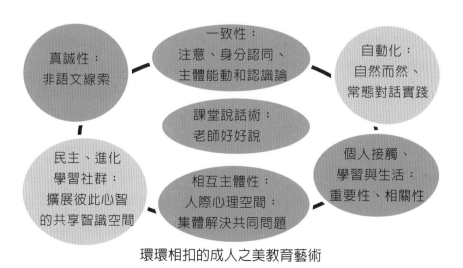

環環相扣的成人之美教育藝術

老師，你認為你在和什麼人說話？

讓我使用一個粗淺的例子。當我們對嬰兒說話時，我們的言語就像是卡通，完全不同於平常講話的樣子。我們會提高音調，縮短話語的長度，並使用大量的問句、聲明和宣告語句，或指示性的用語（例如：「那是一本書」）。我們也會使用重複語句、誇大的語調，以及一系列吸引注意力的策略。當我們和小狗說話時，聽起來很相似，但不一樣（Mitchell, 2001）。和狗說話時，我們的話語會變得更短。我們使用命令句而不是問句，我們的重複語句簡明扼要，但種類變化不多，而且我們不會使用指示性的用語。我們對小狗和嬰兒的說話類似，因為我們假設兩者的注意力都不是很好，而且語言能力有限，所以我們需要特殊的說話策略，以便獲得他們的注意，表達感情，或者可能控制他們的行為。我們和狗說話的方式不同於嬰兒，因為我們不期望狗成為真正的對話夥伴，或是可能發展出能力來命名東西和表達自己。換句話說，我們對狗和嬰兒之所以採取不同的說話方式，乃是基於我們認為他們是什麼，以及我們認為自己正在與他們做什麼。

你可能曾經遇過有人對你說話，那說話的方式讓你不禁暗自抱怨：「你以為你在和什麼人說話？」或者，「你以為你是誰？」當我們遇到這種情況時，對方已經清楚傳達（透過他們的說話方式），在他們心中，我們是何許人也。我們之所以會有意識，乃是因為說話者對我們的看法衝突到我們對自己的看法。在通常的情況下，我們對自己是什麼樣的人，那是我們與他人長期互動累積而形成的，有相當穩固的看法。大多時候，我們在對話進行中並不會意識到此等過程，即便是我們通常就是順著彼此的舞步，不自覺就踩上了對方指派給我們的位置。我們與兒童的互動方式，以及我們安排他們互動的方式，在在都向他們顯示，我們認為他們是什麼樣的人，並給予他們機會去練習成為那樣的人。我們

為他們提供了詹姆斯・吉（James Gee）所謂的「身分隨身包」（iden-
tity kit，1996，頁127）。讓我舉個例子。幾年前，我訪談了四年級學
生西恩。部分訪談內容摘錄如下（改編自Johnston，1999，頁30）：

> 我：如果你有筆友，讀別班的，你想知道他的閱讀狀況，你
> 　　會問什麼問題？
>
> 西恩：可能會問他在讀什麼程度的東西……
>
> 我：你班上的同學，閱讀程度有沒有不同？
>
> 西恩：嗯，有些好像很厲害，有些就沒那麼好……
>
> 我：小組討論的時候，你喜歡發言嗎？
>
> 西恩：不太喜歡。因為我認為威爾遜老師的做法是對的。一
> 　　　開始，她會先問比較容易的問題，然後問題就真的好
> 　　　難，越來越不好回答。
>
> 我：討論當中，你有沒有反對其他同學的說法？
>
> 西恩：沒有，因為他們通常都是對的。

在這種脈絡下，西恩對於他是什麼樣的人的感覺，並沒有任何錯
誤，而且他也不是憑空自己想像出來的。他是從長久以來的課堂話語中
得到了「幫助」。注意他如何感覺他一直以來被定位的方式，就不難理
解現在他給自己的定位完全是正常而且適切的。

我想強調，西恩的老師並不是刻薄。正好相反。她是很有愛心的老
師，非常喜歡西恩，並且關心他，因此他也喜歡她。我們可以確實看
見，好讀者／不好讀者的痕跡，以及讀者對話的「諸多程度」。但我們
也可以看到，那些不僅僅是我們身為老師的人所援引並且對兒童產生影
響的名稱和標籤，或是出於愛而擁抱它們的作為；那更是老師在不知情
的情況下，不當使用語言來定位他們，並提供給他們用來命名和導致自

我殘障（缺能）的工具。

　　我希望本書的棉薄之力，能夠對於促成如後的可能性有所貢獻：我們老師可以有智慧地使用相同的原則，翻轉教育的方向——為兒童提供手段和意志，去建構自己成為負責任、有批判素養的民主公民。但是我必須強調，本書探討過的那些老師在課堂使用語言的方式，大多是自然而然發生的，而不是有意識的作為，正如芭芭拉‧金斯沃爾芙的珍妮絲預期他們會那樣做一樣。他們之所以能夠如此做，有部分原因乃是因為他們認為他們和孩子是什麼樣的人，再者也因為他們認為他們在做什麼。

老師，你認為你在做什麼？

例子一：潘老師

　　最近的研究中，我們訪問了潘老師，她解釋說，在課堂上，她會規定學生大聲朗讀，「以便我可以確定他們是否有真的讀過……這對於某些程度比較好的學生可能不是很公平，因為他們可以進到更高的層次。」（Johnston, Jiron, & Day，2001，頁225-226）她也指出，關於書籍閱讀的討論，「只有少數人真正能夠全程投入……對話，我不太常安排這樣的討論……如果我主持討論，他們通常表現非常好……他們不太擅長於做選擇。」整體而言，潘老師對於學生的看法還滿容易聽出來的。不可能信任或期待他們能夠獨立閱讀，或是做出有建設性的選擇。他們就只是小孩子，還不具備有進行對話的能力。學生的程度有好、有壞，程度好的都是「很懂得聽話，遵照指示……，所有細節都會照著做好，一絲不苟，不會掉三落四。至於不好的學生，則是……」。問到關於學生對圖書有不同見解時，她有何看法，她說：「我更關心的是如何

把正確的見解寫出來，糾正他們的錯誤解讀，並確保我有向他們解釋清楚……。他們都很能接受我提出的問題或解釋……很少發問。」潘老師對學生的態度是傾向師生階層分明的立場。她做了相當清楚的我（老師）／他們（學生）的區別，而不是「我們」。她有知識和傳授知識的專業能力，並確保自己有善盡教師職責，把正確知識傳授給學生。她是教室中唯一的權威，工作本分是要確保學生得到正確的知識。

總之，當潘老師談論自己的教學時，她非常清楚，在課堂上，自己是在對什麼人說話（學生定位），自己應該是怎樣的人（教師自我定位），以及教師應該致力於什麼樣性質的活動（教學觀定位）。這些觀點都傳達在她與學生的互動中。要驗證這一點，請檢視本書第103-104頁，擷取自她課堂師生對話的逐字稿示例。潘老師的學生喜歡她，她的教學幫助他們在標準測驗取得優於平均的好成績。然而，他們學到的關於識讀是什麼，以及關於他們自己和彼此是什麼樣的識讀個人，諸如此類的概念並沒有反映在標準化考試當中，並且他們所學到的該等概念，相較於某些其他班級的學生，有相當大的差異。造成如此差異的一個關鍵原因，就在於潘老師採用某等特定方式的課堂對話語言，而且是本諸真誠和持之以恆來面對她的學生。她之所以採用該等課堂說話的方式，則是因為她個人所秉持的教師自我定位、學生定位，以及她認為他們（老師和學生）在做什麼等等的信念。

例子二：史黛西老師

一個對自己、學生以及自己做什麼有不同看法的老師，往往會發展、使用不同的語言。以史黛西老師為例（Johnston, Jiron, & Day，2001，頁227-228），史黛西老師的目標是讓學生成為「獨立思考者」，「對每一件事情都能有所質疑。」她堅持學生必須討論書中的想法，並希望他們彼此尊重，知道「一定會有意見分歧，但我們予以尊

重」。對她來說，重要的是，教室中的權威是分散的，以便學生可以成為獨立的主體，不僅能夠自我管理，而且能夠自主學習和獨立思考。她希望學生獨立自主，能夠「投入參與決策」，並「反思……哪些有發揮效用，哪些沒有，（以及）我們可以做什麼來改變那些沒有發揮效用的」。史黛西老師希望她的學生把閱讀看作是「一種機會，能夠帶領自己前進到其他地方，能夠讓自己去思考……認真看待自己身為思考者的身分，並努力做好思考者應該做到的本分」。問到班上的學生，怎樣算是成功的讀者，她說，他們「會以讀者的目光來反思看待閱讀素材，然後再以作者的目光來推想作者的意圖是什麼？為什麼？」。

　　聽史黛西老師談論她所認為的學生是什麼樣的人（學生定位），自己是什麼樣的人（老師自我定位），以及他們（或者更精確地，我們）在一起做什麼（教與學的定位），我們聽到與前述潘老師非常不同的觀點。她看待學生沒有師生尊卑的階層之分，她也不認為教學是在於傳授知識、技能或情意態度等等。語文識讀和學習是用來做事情，而不是作為目的本身。她非常清楚，學生必須對自己的學習和自己所構建的知識負責，而她的工作就是去協助他們這樣做。她看待學生並不是著眼於他們的成績高低或程度好壞，而是他們有什麼樣的興趣。

　　上述的思維方式，是否明顯出現在史黛西老師的教學互動中？答案絕對是很明顯的。我在前面幾章使用的若干例子，就是來自她的課堂。當她說：「所以，朋友，作為作家，你必須做出什麼決定？」這是因為她相信這就是作家該有的做法，而她真心把學生看成真正的作家（Johnston, Bennett, & Cronin, 2002a）。

　　看完前述兩位老師的例子，請你不妨停下腳步，思考一下這些差異是否反映在學生對他們本身的看法？看看你能否分辨，在「附錄二」的四個例子當中，哪些是取自史黛西老師的課堂，哪些是取自潘老師的課堂。請記住，要找同事一起做，並闡明你的推理根據。

　　雖然這些例子強調小四學生各種類型的語文識讀能力，但是這些例子也希望展現出即使在更早的階段，孩童是如何理解、看待他們的語文識讀活動。例如，雖然早期教學介入主要集中在兒童對於語音的辨識和正確發音，但他們對語文學習情境的看待態度可能更爲重要。孩子如果老是想著贏得讚美，或是一直擔心自己會不會出糗，就比較無法專心投入學習活動，也就不容易好好學會識字讀書（Niemi & Poskiparta, 2002; Poskiparta et al., 2003）。這些對於語文學習的社會─情感取向，與孩子認爲他們是什麼人，以及他們認爲他們在做什麼，有相當大的關聯，在某種程度上至少反映了課堂對話和社會安排。

老師，你怎麼想？怎麼說？

　　在這裡，我想指出的一個重點是：這些教師運用非常不同的方式來思索，關於他們自己的角色定位、學生的角色定位，以及學生認爲他們在做什麼諸如此類的問題，而他們的思維方式也會強烈影響他們自然使用的語言。

　　讓我們來看看一年級教師黛比・米勒（Debbie Miller, 2002b）的例子。當一天的課程結束，學生要離開時，黛比老師對學生說：「謝謝大家來上課」，她有可能是在上課前就安排好要這樣說。當然，從課堂期間老師和學生的對話，學生多半還是可以感受出來她的感謝是否出於眞心。不過，她不太可能預先計畫諸如下列的互動。課堂上，學生阿倫分享他閱讀一本非文學類的書：

> 黛比老師：〔走向阿倫〕我可不可以告訴全班同學，你做了
> 　　　　　一件很棒的事？〔對全班學生〕這本書阿倫之前
> 　　　　　就讀過了，但他當時只是把故事念完，對吧？這

一次，他再讀一遍。他說：「以前我都沒發現，
這居然是一首詩。」先前第一次，他讀過一遍，
然後第二次、第三次，他只是學習書上寫的字
句，弄清楚裡頭的意思。阿倫，對不對？但是，
這一次，他有了大發現，這書其實是寫成了……
〔全班學生齊聲說出：「詩。」〕有誰會想到非
文學的書，其實也可以用詩歌寫成呢？他今天發
現了，我想這是因為他先前讀過多次的累積結
果。

阿倫：黛比老師也不知道喔。〔好開心的笑臉〕

黛比老師：是啊，我都不知道哩，這是……我這就把它寫進
筆記本中。阿倫，謝謝你教我。

　　我假設到目前這個階段，你應該已經自己展開對於上述互動的分
析，但是如果你對我的詮釋感興趣，請翻至「附錄三」，那裡有摘錄我
所做的分析。我主要想凸顯的是，這些互動在認識論立場的一致性。黛
比老師不可能假裝這種互動，還有其他日子難以數計的類似互動，在許
多層次都是相當一致的（像118-119頁，在她課堂的另一個例子），因
為這些都是發生在當場，沒有時間計畫，一次又一次地發生。她是怎麼
做到的呢？

　　在一次訪談中，黛比老師解釋她如何安排孩子進行閱讀討論
（Miller, 2002a）：

　　　　對於他們談話的內容，我比較沒那麼關心，真的……我
　　意思是說，我對他們說的內容當然也有興趣，但我真正感興
　　趣的是，「當你和人交談時，你有注意到你自己是怎樣的一

個學習者嗎？」我的意思是，我想要來個大躍進……你可以從別人那裡學到什麼新的想法？你有發現什麼，或者學到以前不知道的事情嗎？……

　　當我要求他們眼對眼、膝對膝〔來討論〕，那只是給他們更多的經驗，能夠真正運用到他們所知道的，並且能夠清楚闡述，讓聽者也覺得有道理，然後以彼此的想法為基礎，更進一步擴展。所以，那是……你知道的，我想，甚至更大、更廣的想法。

　　黛比老師認為自己所做的，就是要讓孩子們明白，他們真的有話可說而且值得說，並且積極投入與他人互動對話，絕對有利於自己的發展和成長，可以幫助他們瞭解世界，瞭解他們自己是怎樣的學習者，還有可以從考量、討論想法當中獲得樂趣。她希望他們學會在互相對待時，心裡都能記住這些。她希望他們意識到自己是學習者，以及他們實際上是如何做身為學習者所做的事情[1]。她的語言主要反映了這些目標。如果想改變我們的用語，我們需要先改變我們的觀點。

---

[1] 為了充分瞭解黛比老師在課堂與學生互動的一致和真誠情形，以及瞭解她如何安排課堂組織和規劃，我建議讀者檢查她的錄影帶：《快樂閱讀！》（*Happy Reading!*）。

改變課堂對話：
老師好好說

改變教學觀
- 你認為你在做什麼
（教學觀）

改變對於學生和老師的定位
- 你認為你在對誰說話（學生定位）
- 你認為你是誰（老師自我定位）

改變師生互動用語，昂首闊步向前行

　　雖然這些教師在與學生互動中顯現出的真性情和一致性，根植於更深的教育理念；但我認為我們還是有可能反過來，先透過改變我們的話語，連帶改變我們的一些信念，從而改變我們的課堂互動。我在本書各章各種「老師好好說」建議的用語，也很有可能導致教室動態其他方面的變化。例如：

- 「那好像是……」、「還有其他的嗎？」，以及「有人注意到……」，這些都是方便開啟有用對話的小訣竅，可以有意識地應用就收到很好的效果，也不會牽連影響其他太複雜的層面。

- 當然，向學生反映他們有哪些地方做得很好，就可以獲得相當程度的實質效果，而相對需要的額外配套條件也最小。我們只需要把這（亦即正向回饋，讓學生明白他們有哪些地方做得很好）列

為優先事項，再者也可能必須有意識地針對個別課堂實際狀況，編輯、調整我們的課堂語言，以收相加相乘的效應。

• 我們也可以讓學生清楚知道，我們對他們想說的話感興趣。

總之，如果你做了第六章結尾的練習，我希望你發現這些轉變和成效確實是可能發生的。

不過，如果沒有其他人的支持，要對我們的語言進行重大改變是相當困難的。最重要的是，除非孩子們在學校做的事情是有意義的，換言之，是與他們的直接生活和目標有所相關，否則一旦他們感覺在學校做的事情很無聊、沒有意思，影響所及，老師便頗容易就會脫口而出各種沒有建設性、生產性的語言。事實上，本書討論的許多課堂回應法，可視為促使學習有意義的工具，有助於學生以建設性的方式來看待自己和對方。正如維高斯基指出的，有意義使兒童得以建設性的方式互動，並掌握自己的學習，整合思維、行動和感覺之間的連結。相對地，缺乏有意義的活動，兒童就無從發展內控（internal control, Rio & Alvarez, 2002）。然而，在測驗和填鴨式課程的壓力之下，很容易迫使老師放棄有意義的教學，對於教育工作的看法也化約為僅止於教導學生發展認知技能。很容易忘記了，教育其實需要讓學生全人投入具有社會意義和個人意義的社區活動，從中獲得情感方面的滿足。

孩子的語文識讀教育要有意義，必須切合此時此地的需求，同時也要讓孩子學會如何可能運用語文識讀來照顧他們的利益。然而，對我們老師而言，語文識讀教學同樣重要的是關於我們希望許給孩子什麼樣的社會，以及我們希望孩子成為怎樣的人。而這兩方面是相互關聯的，因為進化民主社會的可能性取決於：

1. 孩子對自我的理解（以及對於自己未來可能成為的自我想像）。

2. 他們對於知識、認知、學習等的理解（亦即在認識論各種面向的觀點）。

3. 他們認為與他人的關係（例如，同儕關係、師生關係等等）應該如何，才算是合情合理的正常關係。

4. 他們如何可能想像、講述、修正關於自我的敘事。

在此同時，我們還是可能得花相當多的心思去應付譬如考試和其他可能讓人分心的教學事項；但是，我們因此更需要保持積極、樂觀的態度，更加用心地去處理與學生互動出現的各種當下狀況。比方說，有一次，課堂上情緒張力緊繃，根本沒有時間可以來慢慢規劃，崔西老師當下的反應就是對學生說：

> 你感覺受到傷害，或是其他的感覺，因為你沒去處理那些情緒，你只是……生氣的走開，我不想事情就這樣……你知道嗎……你不是存心去傷害他的情感，但你生氣了。我只是想讓你明白，他為什麼那樣反應，而你又為什麼如此反應……我不是要否定你的感覺……只是想明白你為什麼會有那樣的感覺……這樣，我們對於彼此都會有更好的理解。
>
> （Johnston, Bennett, & Cronin, 2002a）

崔西老師著眼的不僅是處理當下的課堂狀況，她還有更大的目標。或許我應該說，她是從更大的參照框架來處理眼前的狀況；換言之，就是在教學活動和目標當中，充分融入了她用心選擇的課堂對話藝術。她秉持語文識讀教學的同樣原則，來面對那些「難纏」的學生。她的信念是，理解自己需要理解他人，瞭解人我之間是如何相像與不相像，以及瞭解彼此的意向、想法和感覺。要達到如此的理解，則需要更廣泛的社

會想像力，以便我們有足夠的敏銳度能夠將心比心、易地而處；換言之，能夠在我們自己當中看見他者，同時也能在他者當中看見我們自己。在這種取向的思維下，我們越能夠相互理解他者是自我的延伸，還有差異是我們自身發展的潛能來源，那麼我們將會有更好的批判識讀素養，也就越不可能互相殘殺。我相信瑪麗・蘿絲・歐萊莉應該也會有類似的說法。

勞勃・楊恩（Robert Young, 1992）評述道，我們教師「獲得授權去探問有關人類學習和探究的任何觀點：『各種觀點內含的人類圖像是什麼？』」我希望本章呈現的各種相互對比的例子，有鼓勵你去這樣做。我希望我也有說服你，探問教學語言內含的人類圖像不僅是我們的權利，也是責任。我知道我所秉持的是什麼樣的教育人類圖像，那也是我在本書呈現分享的眾多老師，包括瑪麗・蘿絲、瓊、黛比、史黛西等等，她們的課堂對話範例所共同秉持的教育人類圖像，一言以蔽之，就是致力於追求人類能夠生活的社會。當我說「能夠生活」，我的意思不是指不會被殺害，而是要能理解到生活意味著成長，而在智識和社會生活方面沒有成長，就不是活著，而僅是生存。在我看來，這些教師課堂對話藝術真正的美在於向我們展現了，以建立如此社會藍圖為目標的教育，並不會損及較為狹窄的智育目標，兩全其美是有可能達成的。

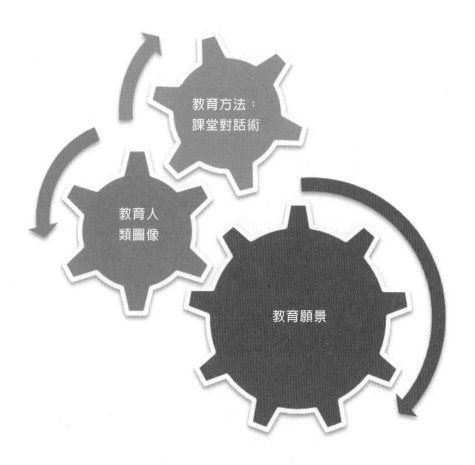

教育方法：
課堂對話術

教育人
類圖像

教育願景

附錄一

小字體印刷

　　開始寫作本書時，我需要把宗旨講明白，越快越好，所以我採取了幾項權宜做法：我刻意將若干語言小細節隱去不談。在這裡，你選擇閱讀本附錄，你就有機會掀開本書先前隱去的諸多小細節，我想你應該是對這些細節頗感興趣。不過，相較於我在本書其餘部分整理呈現的版本，這裡的文章未經整理，所以難免顯得有點鬆散零亂。就此而言，你不妨可將本附錄視為小字體印刷（fine print）──「有限制適用範圍」或「牴觸無效」的附屬文件。

　　事實證明，語言作為溝通工具，其實頗難確切掌握。雖然在本書許多地方，我寫的好像若干文字是具有明確的定義，但是字詞本身並不帶有意義，而是透過社會脈絡才取得了特定的字義。當上下文脈絡改變了，字詞的意義往往也會隨之改變。比方說，給某個學生的表現「好」的評語，然後給另一個學生「好極了」的評語。在這種前後文的脈絡下，先前說的那個「好」的意義，就可能會給人不一樣的感覺。

　　即使不發一語，也可能意味不同的意思。在第六章，我提出「等待時間」，雖然看似特定的意涵，但確切涵義仍得取決於對話發生在什麼場合，以及參與對話的是什麼人。你或許可以想像一場談話當中，前後幾次沉默可能意味著不同的意思，例如：

- 「我不說話反駁你，但我不相信你。」
- 「算你贏了，我無話可說。」
- 「你好敢喔，我都不知道怎麼說你了。」
- 「你真是讓我失望透了，我不想講你了。」

　　每一次，沉默可能伴隨不同的身體姿勢和臉部表情。沉默也可能給人不同的感覺，取決於在場的是哪些人，還有彼此的相對社會地位。換句話說，要理解某人在說什麼，我們必須對當下的對話情境做出一系列

的假設，包括人們認爲他們是誰、他們認爲我們是誰、這是什麼樣的互動等等。

要完成彼此可溝通的意義，不僅需要語言，還要配合其他文化工具，例如，臉部表情、手勢、音調和空間安排等等。而且情況還可能變得更複雜，因爲我們隨身總攜帶著過往互動的歷史，亦即布爾迪厄所謂的「習性」（habitus, Bourdieu, 1977, 1990）。不同的互動歷史，不同的脈絡，沉默就可能引發不同的感覺（或意味著不同的東西）。語言的意義也取決於關係脈絡。沒有信任和尊重，本書的許多例子就會變得相當不可預測。

兒童對於成人和兒童如何互動，常有非常不同的假設。比方說，兒童可能會認爲，學校的大人通常會問他們已經知道答案的問題，或是與大人互動一定是很正式的。如果他們在學校遇到不同的互動模式，可能需要一段時間，才得以弄清楚家庭和學校是不同的脈絡。同樣地，習慣於接受直接指令語言的孩子，在遇到間接、委婉的請求時，可能就會感到有些困惑，例如：「你想現在打開書本嗎？」這些都是兒童在進入學校後可能經歷的常見文化衝突，而且除了這些例子之外，還有更多。兒童對男孩和女孩應該如何互動，往往有著不同的期望；不同的社會情境或地區，對於怎樣的行爲才算合宜或得體，也有微妙的差異。比方說，在對方說話稍有停頓時，紐約鄉村地區的人通常會等候較長的時間，以免對方還沒把話說完；相對地，在紐約大都會，等候的時間就會短了許多（Scollon & Scollon, 1981）。

如你所見，我在此將權宜行事而假設教師所說的事情具有前後一致而且不涉歧義的意涵。雖然我必須承認，如此假設是不符實情的，但我還是得指出，在穩定的語言社群內，我們的確會把很多事情視爲理所當然。如果不這樣做，我們永遠不會理解任何東西。在教室裡，正如在任何涉及語言的情況，我們必須有一些規則或是我們可以依循的東西。正

如在任何競賽中，如果參賽者不知道規則，就會亂成一團，然後難免就會有人受傷。關於人們如何互動，確實存在有規範性的規則，並且會有「預期的」反應。比方說，當我們提出問題時，我們期望得到立即的回答。如果沒有得到立即回答，我們就會想一定有什麼原因。如果老師問學生：「你還好嗎？」學生在回答之前稍有停頓，我們可能就得假定答案是「不太好」，即使學生給的是「還好」之類的答案。比方說，我們問了一個問題，並且假設會得到答案，結果得到的是「你想得美！」我們必須假設，即使嚴格來講，這不是直接回答問題的答覆，但這裡頭仍然可以視爲有包含了某種答案。

學期初的時候，許多課堂規則和關係都不甚明朗，孩子（和老師）都得趕緊設法進入狀況。在這期間，老師必須把握機會來建立規則和一致性，以便孩子能夠明白，哪些規則、關係等等是他們可以依靠的。這使得我們審愼看待關於語言歷史如何在不同文化之間的多樣差異，所以不會理所當然地就接受或拒絕孩子們的詮釋。在此同時，值得記住的是，當互動出了問題，在還沒弄清楚眞正況狀之前，先將其視爲誤解來處理，會比逕自視爲故意不聽話或不守規矩，來得比較保險些。正如我在本書所建議的，互動中的每個人聲稱是特定類型的人，並隱含其他人也是特定類型的人。暗自設想孩子是不聽話的人，是沒有幫助的，特別是如果孩子決定那是合理的身分，亦即認爲自己有權做個不聽話的人。

基本上，在這本小書中，我主要處理的重點並不在於老師課堂遇到的文化和語言的差異性。話雖如此，還是可能有約略涉及一些處理這方面議題的原則。比方說，我贊成的認識論立場是，至少應該特別照顧到非洲裔美國學生（Ladson-Billings, 1994），乃至於更普遍的任何少數或弱勢族群（Applebee, 1996; Nystrand et al., 1997）。

重疊，共同主題，和其他自由

　　在坦白本書的限制之餘，我也必須承認，第四章介紹的主體能動性和敘事的理念，也採取了相對寬鬆的權宜寫法。比方說，我寫的感覺彷彿只存在單一類型的敘事，而事實上當然有許多不同類型的敘事。人們講述個人敘事的方式，存在有階級、性別和文化等等差異。當孩子們在課堂上講的故事不吻合我們期待的敘述形式，這就可能會產生誤解（Michaels, 1986）。有時候，我們必須調整我們耳朵的頻道，以適應聽懂箇中文化差異的訊息，或許需要請教當地的文化代表，例如父母來幫助我們。不過，從我的角度來看，同等重要的是導致不平等的敘事差異。比方說，在有些文化傳統，可能傾向對男孩和女孩傳遞不同的敘事。在學校，我們試圖透過重新組構他們所能接觸使用的敘事，來幫助孩子開放可能性。這也是學校輔導的部分任務所在（Wortham, 2001）。如果這聽起來似乎有點像是把他人的文化當猴戲來耍弄，我只能說，某種程度，確實如此，而這也是教學之所以是政治活動的一個原因。

　　對於「主體能動」的概念，我也採取類似的權宜應用態度。我所說的主體能動與諸多學者（例如，Bruner，1994b；Dyson，1999；Harre，1998；Wells，1998）的著述一致，其他類似的概念還包括：「自我效能」（self-efficacy, Bandura, 1996）、「控制感」（sense of control），或「效能」（effectance, Skinner, Zimmer-Gembeck, & Connell, 1998）。這些概念並不完全相同，但在我看來，相互之間有足夠的共同點，所以我做出這樣的跨界轉用應該算是合理的。我在本書提出的若干關於主體能動和敘事的建議，也擷取自「歸因理論」（attribution theory）的領域，這是對成功和失敗經驗的歸因研究（Foote, 1999; Licht, 1993; Nicholls, 1989; Nolen-Hoeksema, Girus, & Seligman, 1986;

Skinner et al., 1998）。雖然這些是屬於不同領域的理念，但是箇中重疊頗多，探討的項目也有頗多相同之處：孩子們用來使他們經驗感覺有意義的故事。

不同研究領域之間，確實有很多重疊。事實上，雖然我將教師的回應語言分門別類，組織爲若干章節，用以強調不同的面向，但是諸多類別之間明顯的重疊和可能教學效應，應該不會讓人感到太驚訝。從年幼孩童的研究，我們可以看到這一點。例如，親子互動研究告訴我們，主體能動意識較強的孩子，其家庭環境可能有較多的溫暖和關懷，比較強調獨立性（Grolnick & Ryan, 1989, 1992; Nolen-Hoeksema et al., 1995）。主體能動意識較弱的兒童所經歷的環境，可能有較多的批評或懲罰（Hokoda & Fincham, 1995; Wagner & Phillips, 1992; Nowicki & Schneewind, 1982）。這些結論和我在本書討論的內容相當吻合，當人們從不同方向來探討事情，從而得到相似的結論時，重疊和一致往往能讓人對結論有更多的信心。

關於「話語」（discourse）一詞，我應該作最後一些說明，我在這裡和本書其他章節使用的「話語」是指更廣義的溝通，談話只是其中一個面向。最清楚而且最廣泛引用的話語定義，可能是詹姆斯·吉提出的：

> 話語是在世存有的方式，或是生活的形式，箇中統整了語文、行動、價值、信念、態度和社會身分，以及手勢、眼神、身體位置和服裝。話語可說是一種身分隨身包，裡頭裝有適當的服飾儀容，以及如何行動、談話，還有更多關於寫作的指令，用以穿戴上他人將可辨識的特定社會角色。
> （1996，頁127）

　　詹姆斯‧吉用大寫的Discourse來標示廣義文化定義的「論述」，用以區分小寫的discourse，標示面對面的課堂「話語」。他指出，Discourse/discourse可以在不同的層次運作，包括當下互動的話語，以及更廣泛的文化論述，而且相互都會影響另一方。雖然本書主要聚焦於當下的課堂互動話語，但是我確實也屢屢涉及較廣範圍的文化論述。在第八章，我描述了談話、價值觀、信念、態度和身分如何整合在一起；詳細的討論，請參見第八章。

四個小學四年級學生

這四個「範例」，改編自〈教學和學習語文識讀的認識論〉（"Teaching and Learning Literate Epistemologies", Johnston, Jiron, & Day, 2001）。

蔓蔓

蔓蔓說，好的作家「寫得很快⋯⋯〔比方說〕，老師要我們寫故事，他們很快⋯⋯嗯，甚至不到十分鐘，他們就寫好了」。蔓蔓不和其他學生談論寫作。她說：「不想害他們傷心，因為有時候有人跟他們說，『哦，你寫得糟糕透了』，類似這樣的話，然後他們馬上就去報告老師⋯⋯。」蔓蔓說，他們不應該把自己的想法給其他學生，「因為那就像是把你想到的東西，塞進別人的腦袋⋯⋯。然後，他們就會有，可能吧，同樣的故事。」

至於好的讀者，她說，他們「全都是靜靜的，只聽別人說⋯⋯他們會挑戰自己⋯⋯還有會讀有章節的圖書（chapter books）」。要她描述自己是怎樣的讀者或作家，她說不明白這問題是什麼意思。她不知道如何可能知道別的孩子是怎樣的讀者或作家。

問班上同學是否會在課堂上做研究，她說，不太懂這問題是什麼意思。經過解釋之後，她說，他們沒有。蔓蔓期望老師給她的成績單評語是：「蔓蔓上課很守規矩，對同學都很友善」，還有作文能得到「優等」。問她如何幫助同學成為更好的讀者，她說，會告訴他們，「不要打混摸魚，因為你越是打混摸魚，你的名字就越可能被登記在黑板上⋯⋯〔還有〕⋯⋯如果不懂某個字，不會念，或是不明白意思，那就去查字典。」

在談論書籍時，蔓蔓沒有把書本和個人經驗之間做出連結（頁226-227）。

小文

　　請他描述自己是什麼樣的作家，小文說，他對於自己和他人經驗的重要意涵滿有自信的。他在寫作中使用這些來釐清觀眾和角色。他有一篇作品，前後花了三個星期才寫完，過程「還真的滿艱難、掙扎的」（語氣當中頗有些許津津樂道的意味）。在關於一篇寫作的反思，他說：「我就對自己說，嗯，哪裡可能是很好的懸疑點，吸引他們想繼續讀下去，但又是很好的終結點？」然後，「我就看著它，我就好像，嗯，怎麼說才好呢？這個雕像，我的意思是，這個獎盃，對我來說真的很重要。我怎麼才可能……使『獎盃』這個詞更具有雕像的象徵意味。我在字面上寫的是獎盃，但其實真正是關於一個雕像。」

　　問到他身為作家，有哪些地方做得好。他說是「我寫自己的感覺，表達得很好」，還有「真的有寫出我想說的話」。但也有些時候他會「兩眼空空，盯著空白的紙張，好像在比賽誰可以盯得比較久」。

　　關於機場種族隔離的研究，他找了兩個圖書館和網路，還有打電話到當地的機場。他還沒有遇到不同資訊來源相互衝突的情況，但萬一真的碰上了，他會「把兩方面的意見擺在一起，然後我就會有不同的看法，一個作者這樣想，另一個作者那樣想。所以，我就只是把那些想法擺在一起……看看我能從這當中找出什麼……或者可能試著調和兩方的結果」。

　　問他班上是否有好作家，他說：「說到有趣的部分，小傑寫得真的很好玩，他寫了很多魔幻的東西……。榮恩是相當好的作家……他繪畫比寫作更好一點……艾麗〔在她的神祕故事〕給了很多細節。她描寫角色……非常好的神祕故事，因為它有一個要點，還有一些東西，讀者必須自己去猜。」他對於不同文類的結構有相當多的知識，包括寫實小說、奇幻故事、推理故事、傳記等等。在評論自己的作品時，他說：

「和大多數的神祕故事不同，我寫的是悲傷的結局。」

他習慣在所讀的書之間建立連結，對於欣賞的書，他也有自己的一套標準（頁229）。

阿立

請他描述自己是怎樣的作家，阿立說：「就一般般，和大家差不多。我不喜歡……怎麼說，寫完一個故事，就馬上開始寫下一個故事……我需要中間休息稍微久一點的時間。我寫的很多都是發生在我身上的事。就像我有幾篇就是寫我和朋友在海灘的故事，另外，我也可能借用〔想法〕。」最近，他學到有關寫作的就是「如何更有條理」，接下來，他想學習如何寫比較長的故事，因為「我有很多材料……我知道我有更多故事可以寫」。

與朋友一起討論，他說：「給我，嗯，就像是許多不同的想法放上來……他們認為那是好的，可以得到足夠的細節和各種東西，然後我還可以見到老師。」問他班上同學是否有不同類型的讀者，他說：「有啊，像小文，他讀的書比其他人都還要厚很多。還有阿丹，一旦他一頭栽進書裡，你根本想都別想打斷他，就像如果你跟他說：『嘿，阿丹，你聽這句』，他是……，打死也不會放下那本書的。珍妮，她也讀很難的書，和小文一樣。但是，嗯，她書讀很快，好像真的很快就讀完了……莉亞，她真的很喜歡神祕故事，她讀長篇故事，像《神探南希德魯》（Nancy Drew）。」他還指出小傑像他一樣，也喜歡《貝利學校小子》（Bailey School Kids）系列童書。要瞭解筆友是什麼樣的讀者，他會問：「你喜歡什麼樣的書？誰是你最喜歡的作家？你現在讀什麼書？……你最近有讀過什麼好書嗎？」

問到如何幫助同學成為更好的讀者，他說：「如果他們在讀的書比

較難，對他們太難了，〔告訴他們〕不要給自己太大壓力……也許過幾個月之後再來讀。暫時把這些書擺到一邊去，先讀你目前程度的書。」

阿立喜歡課堂討論閱讀的書籍。「就像霍老師說的，小組討論時，我總是能夠從書上找到和自己有關的一些東西。」他覺得其他同學的經驗和對書本的詮釋也都很有趣。不過，「如果他們談論到一些很瑣碎的細節，你根本不需要的」，那就會讓他興趣缺缺。問到如果同學對閱讀內容有不同見解，他會有什麼感覺，他說不會感覺不舒服，並引述有一次他和同學意見不同時的對話。他喜歡閱讀，並且經常在書本之間找到可以連結的東西。他也認為班上有些同學是好作家，因為，比方說，「當小艾讀她寫的……真的很長，但我就會，嗯，就會很好奇啊，好想知道接下來到底會發生什麼……一旦你進入她講的故事，你會很想知道接下來會發生什麼。那些推理故事真的就是很神祕。」商業書籍就不是這樣。「好比《棚車少年歷險記》（*Boxcar Children Mysteries*），這本書的前面說，這是有關某東西不見了的推理故事……但是，讀來讀去，我就是看不出來哪裡有什麼神祕好推理的……根本就沒有啊！」

當他在研究某個主題，遇到各書之間有所衝突時，他說，這當中有一個作者「可能沒有把該做的研究做好」。他處理這種情況的策略是，查詢更多的來源（頁228-229）。

莉莉

莉莉選擇讀《超級糖漿》（*Superfudge*，茱蒂‧布拉姆原著；九歌出版社，1985），「因為好像滿有挑戰性的，書裡有許多地方都不是字面的意思……我們升上五年級之前還不會讀到這本書，我想先試著讀讀看。」她喜歡寫實的故事，雖然她還不知道這種題材的文章，專有名稱就叫作「寫實小說」。她認為作為一個讀者，「我不是完美零缺點，但

還行。有時候，我錯得一塌糊塗，但就算搞砸了，還是可以從錯誤中學習。」

問她班上是否有不同類型的讀者，她使用程度好／不好來分類。她說：「嗯，他們可能比我好，因爲他們不會像我讀得一塌糊塗……他們的程度比我好。」她補充說，她已經有改變了，「因爲我比去年讀了更多、更大的故事。」接下來她想要讀，「比課本還難的書……這樣，我的程度就可以更上一層樓。」她也喜歡同學針對閱讀提出不同意見的討論。比方說，對於《石狐》（*Stone Fox*，約翰‧萊諾‧嘉迪納原著；哈佛人出版社，2009）的作者是否應該把老狗探照燈（*Searchlight*）寫死，班上同學就有不同的看法。至於老師的看法，她從來沒有反對過。

關於最好的作品，她回答說是大約花了15至20分鐘寫好的一篇文章，選這篇的理由是因爲「我們必須爲自己寫的東西負責，而這一點，我做到了」。問她寫什麼表現最好，她說：「人家告訴我，我寫得好的時候就是……我說我想說的，而不是別人說的。我不會去拿別人的想法，我只是自己去想，然後寫出來。」最近，她對寫作的領悟是，「如果你寫的是從某人那裡抄襲來的想法，那你可能就不是……嗯，你的作爲就好像你不是眞正的作家。因爲如果是眞正的作家，你應該會自己去構思，寫自己的故事。」她的朋友是個好作家，因爲她「加進若干例子……故事篇幅就變長了」。

關於幫忙寫作，「如果有人寫不出來某些字……我可以給他們……我有習字帖……他們可以跟著上面印好的筆劃來練習寫。」問她，同學是否在課堂上做研究，她回答說：「我們有做研究，像是我們需要一個字，但不確定意思，我們就會去查字典。」她說，從未遇到不同來源的資訊相互衝突的情況（頁227）。

附錄三

分析黛比老師在課堂和
學生阿倫的對話互動

黛比老師的回應	分析
黛比：我可不可以告訴全班同學，你做了一件很棒的事？	徵求學生的同意，分享他的知識和能力，藉此肯定學生的作者權。「很棒」或許會指向一種比較不是太有幫助的穩固特質，譬如：「聰明」，但在這兒，則是連結到嘉獎和鼓勵運用策略的靈敏。
這本書，阿倫之前就讀過了，但他當時只是把故事念完，	一本書是可以重複讀好幾遍的。
對吧？	向當事人求證，事情的陳述是否吻合他的觀點，提醒班上學生與阿倫注意，阿倫擁有決定此一訊息正確與否的權威性。
這一次，他再讀一遍。他說：「以前我都沒發現，這居然是一首詩。」……	重複閱讀的時候，我們可以注意到新的東西，部分原因是由於注意焦點是不同的。其中一項注意到的新面向就是詩。
先前第一次，他讀過一遍，然後第二次、第三次，他只是學習書上寫的字句，弄清楚裡頭的意思，	反覆多讀幾遍可能會帶來有用的資訊。注意你在讀的時候，心裡發生了什麼。
阿倫，對不對？	老師向學生求證，前述說法有無吻合他的觀點，再次提醒班上學生與阿倫注意，阿倫在此的權威性。
但是，這一次，他有了大發現，這書其實是寫成了……〔全班學生齊聲說出：「詩」。〕	確保班上學生有去注意到驚喜的發現，因為這些往往是新的、重要的訊息。在此稍停，容許學生得以共同參與，大聲說出想到的答案。

黛比老師的回應	分析
有誰會料想到，非文學的書其實也可以用詩歌寫成呢？	提醒班上學生，這是沒人料想到的驚喜發現，而且不論對於當下學習或未來可能的應用，都具有重要啓示意涵。
他今天發現了，我想這是因為他先前讀過多次的累積結果。	重複閱讀往往可以促成新的學習。
阿倫：黛比老師也不知道喔。〔好開心的笑臉〕	阿倫確認他自己的權威性、主體能動性，以及連帶而來的自豪感，並且體認到即使學生也可能教老師，以及箇中包含的分散認知原理。
黛比：是啊，我都不知道哩，是你教我的。	肯定學生的學習成果，並且重申老師並非無所不知，而且老師也應該向學生學習。
我這就把它寫進筆記本裡。	進一步的肯定，再次重申學生也有值得學習的地方。
阿倫，謝謝你。	彰顯對於學生的尊重，以及將教育的價值放在學習的面向（包括這裡呈現的老師向學生的學習）。

參考書目

Adams, E. L. 1995. A Descriptive Study of Second Graders' Conversations About Books. Ph. D diss., State University of New York–Albany.

Allington, R. L. 1980. "Teacher Interruption Behaviors During Primary Grade Oral Reading." *Journal of Educational Psychology* 72: 371–377.

———. 2002. "What I've Learned About Effective Reading Instruction from a Decade of Studying Exemplary Elementary Classroom Teachers." *Phi Delta Kappan* 83, 10/June: 740–747.

Allington, R. L., and P. H. Johnston. 2002a. "Integrated Instruction in Exemplary Fourth-Grade Classrooms." In R. L. Allington and P. H. Johnston, eds., *Reading to Learn: Lessons from Exemplary Fourth-Grade Classrooms*. New York: Guilford.

Allington, R. L., and P. H. Johnston, eds. 2002b. *Reading to Learn: Lessons from Exemplary Fourth-Grade Classrooms*. New York: Guilford.

Anderson, C. 2000. *How's It Going? A Practical Guide to Conferring with Student Writers*. Portsmouth, NH: Heinemann.

Applebee, A. N. 1996. *Curriculum as Conversation: Transforming Traditions of Teaching and Learning*. Chicago: University of Chicago Press.

Austin, J. 1962. *How to Do Things with Words*. Oxford: Clarendon Press.

Bandura, A. 1996. *Self-Efficacy: The Exercise of Control*. New York: Freeman.

Barber, B. 1984. *Strong Democracy: Participatory Politics for a New Age*. Berkeley: University of California Press.

Bateson, G. 1979. *Mind and Nature: A Necessary Unity*. New York: Dutton.

Beach, K. 1995. "Activity as a Mediator of Sociocultural Change and Individual Development: The Case of School-Work Transition." *Mind, Culture, and Activity* 2: 285–302.

Blumenfeld, P. C. 1992. "Classroom Learning and Motivation: Clarifying and Expanding Goal Theory. *Journal of Educational Psychology* 84: 272–281.

Bourdieu, P. 1990. *The Logic of Practice*. Cambridge: Polity Press.

Bovard, J. 2003. Quoted in *Funny Times*. November.

Brashares, A. 2003. *The Second Summer of the Sisterhood*. New York: Delacorte.

Bruner, J. 1986. *Actual Minds, Possible Worlds*. Cambridge, MA: Harvard University Press.

———. 1987. "Life as Narrative." *Social Research* 54, 1: 11–32.

———. 1994a. "Life as Narrative." In A. H. Dyson and C. Genishi, eds., *The Need for Story: Cultural Diversity in Classroom and Community*, pp. 28–37. Urbana, IL: National Council of Teachers of English.

———. 1994b. "The 'Remembered' Self." In U. Neisser and R. Fivush, eds., *The Remembering Self: Construction and Accuracy in the Self-Narrative*, pp. 41–54. Cambridge: Cambridge University Press.

Burbules, N. 1993. *Dialogue in Teaching: Theory and Practice*. New York: Teachers College Press.

Carlsen, W. S. 1991. "Questioning in Classrooms: A Sociolinguistic Perspective." *Review of Educational Research* 61: 157–178.

Cazden, C. B. 1992. "Revealing and Telling: The Socialization of Attention in

Learning to Read and Write." *Educational Psychology* 12: 305–313.

———. 2001. *Classroom Discourse: The Language of Teaching and Learning*, 2nd ed. Portsmouth, NH: Heinemann.

Clay, M. M. 1991. *Becoming Literate: The Construction of Inner Control*. Portsmouth, NH: Heinemann.

———. 1993. *Reading Recovery: A Guidebook for Teachers in Training*. Portsmouth, NH: Heinemann.

———. 2001. *Change Over Time in Children's Literacy Development*. Portsmouth, NH: Heinemann.

Cobb, P., and J. Bowers. 1999. "Cognitive and Situated Learning Persepctives in Theory and Practice." *Educational Researcher* 28, 2: 4–15.

Comeyras, M. 1995. "What Can We Learn from Students' Questions?" *Theory into Practice* 34, 2: 101–106.

Coulthard, M. 1977. *"Conversational Analysis": An Introduction to Discourse Analysis*. London: Longman.

Davies, B., and R. Harre. 1999. "Positioning and Personhood." In R. Harre and L. v. Langenhove, eds., *Positioning Theory: Moral Contexts of Intentional Action*, pp. 32–52. Oxford: Blackwell.

Delpit, L. 1988. "The Silenced Dialogue: Power and Pedagogy in Educating Other People's Children." *Harvard Educational Review* 58, 3: 280–298.

Department of Education Training and Employment. 2000. *Social Action Through Literacy: Early to Primary Years*. Adelaide: University of South Australia.

Dewey, J. 1985. *Democracy and Education*. Carbondale: Southern Illinois University Press.

Dillon, J. T. 1988. "The Remedial Status of Student Questioning." *Curriculum Studies* 20: 197–210.

Doise, W., and G. Mugny. 1984. *The Social Development of the Intellect*. Oxford: Pergamon Press.

Donaldson, M. 1978. *Children's Minds*. New York: W. W. Norton.

Dunham, P. J., F. Dunham, and A. Curwin. 1993. "Joint-Attentional States and Lexical Acquisition at 18 Months." *Developmental Psychology* 29: 827–831.

Dyson, A. H. 1993. *Social Worlds of Children Learning to Write in an Urban Primary School*. New York: Teachers College Press.

———. 1999. "Coach Bombay's Kids Learn to Write: Children's Appropriation of Media Material for School Literacy." *Research in the Teaching of English* 33, 4: 367–402.

Dyson, A. H., and C. Genishi. 1994. "Introduction: The Need for Story." In A. H. Dyson and C. Genishi, eds., *The Need for Story: Cultural Diversity in Classroom and Community*, pp. 1–7. Urbana, IL: National Council of Teachers of English.

Eder, R. A. 1994. "Comments on Children's Self-Narratives." In U. Neisser and R. Fivush, eds., *The Remembering Self: Construction and Accuracy in the Self-Narrative*, pp. 180–190. New York: Cambridge University Press.

Elbers, E., and L. Streefland. 2000. "'Shall We Be Researchers Again?' Identity and Social Interaction in a Community of Inquiry." In H. Cowie and G. v. d. Aalsvoort, eds., *Social Interaction in Learning and Instruction: The Meaning of Discourse for the Construction of Knowledge*, pp. 35–51. Amsterdam: Pergamon Press.

Fagan, E. R., D. M. Hassler, and M. Szabl. 1981. "Evaluation of Questioning Strategies in Language Arts Instruction." *Research in the Teaching of English* 15: 267–273.

Feldman, C., and J. Wertsch. 1976. "Context Dependent Properties of Teachers' Speech." *Youth and Society* 8: 227–258.

Fennimore, Beatrice S. 2000. *Talk Matters: Refocusing the Language of Public School.* New York: Teachers College Press.

Fivush, R. 1994. "Constructing Narrative, Emotion, and Self in Parent-Child Conversations About the Past." In U. Neisser and R. Fivush, eds., *The Remembering Self: Construction and Accuracy in the Self-Narrative*, pp. 136–157. New York: Cambridge University Press.

Fletcher, Ralph. 1993. *What a Writer Needs.* Portsmouth, NH: Heinemann.

Foote, C. J. 1999. "Attribution Feedback in the Elementary Classroom." *Journal of Research in Childhood Education* 13, 3: 155–166.

Freire, P., and D. Macedo. 1987. *Literacy: Reading the Word and the World.* Hadley, MA: Bergin and Garvey.

Gauvain, Mary. 2001. "The Social Context of Cognitive Development." In C. B. Kopp and S. R. Asher, eds., *The Guilford Series on Social and Emotional Development.* New York: Guilford.

Gee, J. P. 1996. *Social Linguistics and Literacies: Ideology in Discourses*, 2nd ed. London: Falmer Press.

Graves, D. H. 1994. *A Fresh Look at Writing.* Portsmouth, NH: Heinemann.

Greene, Maxine. 1985. "The Role of Education in Democracy." *Educational Horizons* 63: 3–9.

Grice, H. P. 1975. "Logic and Conversation." In P. Cole and J. L. Morgan, eds., *Syntax and Semantics 3: Speech Acts*, pp. 41–58. New York: Academic Press.

Grolnick, W. S., and R. M. Ryan. 1989. "Parent Styles Associated with Children's Self-Regulation and Competence: A Social Contextual Perspective." *Journal of Educational Psychology* 81: 143–154.

Halliday, M. A. K. 1993. "Towards a Language-Based Theory of Learning." *Linguistics and Education* 5: 93–116.

———. 1994. *An Introduction to Functional Grammar*, 2nd ed. London: Edward Arnold.

Harre, R. 1998. *The Singular Self: An Introduction to the Psychology of Personhood.* Thousand Oaks, CA: Sage.

Harre, R., and G. Gillet. 1994. *The Discursive Mind.* Thousand Oaks, CA: Sage.

Hokoda, A., and F. D. Fincham. 1995. "Origins of Children's Helpless and Mastery Achievement Patterns in the Family." *Journal of Educational Psychology* 87: 375-385.

Honea, M. 1982. "Wait Time as an Instructional Variable: An Influence on

Teacher and Student." *Clearinghouse* 56: 167–170.

Hutchby, I., and R. Wooffitt. 1997. *Conversation Analysis.* Oxford: Blackwell.

Ivey, G. 2002. "'Responsibility and Respect for Themselves and for Whatever It Is They're Doing': Learning to Be Literate in an Inclusion Classroom." In R. L. Allington and P. H. Johnston, eds., *Reading to Learn: Lessons from Exemplary Fourth-Grade Classrooms*, pp. 54–77. New York: Guilford.

Ivey, G., P. H. Johnston, and J. Cronin. 1998. *Process Talk and Children's Sense of Literate Competence and Agency.* Montreal: American Educational Research Association.

Johnston, P. H. 1999. "Unpacking Literate 'Achievement.'" In J. Gaffney and B. Askew, eds., *Stirring the Waters: A Tribute to Marie Clay.* Portsmouth, NH: Heinemann.

Johnston, P. H., S. Guice, K. Baker, J. Malone, and N. Michelson. 1995. "Assessment of Teaching and Learning in 'Literature Based' Classrooms." *Teaching and Teacher Education* 11, 4: 359–371.

Johnston, P. H., S. Layden, and S. Powers. 1999. *Children's Literate Talk and Relationships.* Montreal: American Educational Research Association.

Johnston, P. H., and J. Backer. 2002. "Inquiry and a Good Conversation: 'I Learn a Lot from Them.'" In R. L. Allington and P. H. Johnston, eds., *Reading to Learn: Lessons from Exemplary Fourth-Grade Classrooms*, pp. 37–53. New York: Guilford.

Johnston, P. H., T. Bennett, and J. Cronin. 2002a. "'I Want Students Who Are Thinkers.'" In R. L. Allington and P. H. Johnston, eds., *Reading to Learn: Lessons from Exemplary Fourth-Grade Classrooms*, pp. 140–165. New York: Guilford.

Johnston, P. H., T. Bennett, and J. Cronin. 2002b. "Literate Achievements in Fourth Grade." In R. L. Allington and P. H. Johnston, eds., *Reading to Learn: Lessons from Exemplary Fourth-Grade Classrooms*, pp. 188–203. New York: Guilford.

Johnston, P. H., H. W. Jiron, and J. P. Day. 2001. "Teaching and Learning Literate Epistemologies." *Journal of Educational Psychology* 93, 1: 223–233.

Johnston, P. H., and M. E. Quinlan. 2002. "A Caring, Responsible Learning Community." In R. L. Allington and P. H. Johnston, eds., *Reading to Learn: Lessons from Exemplary Fourth-Grade Classrooms*, pp. 123–139. New York: Guilford.

Johnston, P. H., and P. N. Winograd. 1985. "Passive Failure in Reading." *Journal of Reading Behavior* 17, 4: 279–301.

Kameenui, E. J. 1995. "Direct Instruction Reading as Contronym and Eonomine." *Reading and Writing Quarterly: Overcoming Learning Disabilities* 11: 3–17.

Kingsolver, Barbara. 1989. "Quality Time." In B. Kingsolver, ed., *Homeland and Other Stories.* New York: HarperCollins.

Kondo, D. K. 1990. *Crafting Selves: Power, Gender, and Discourses of Identity in a Japanese Workplace.* Chicago: University of Chicago Press.

Kuhn, D., M. Garcia-Mila, A. Zohar, and C. Anderson. 1995. *Strategies of Knowledge Acquisition* 60, 4. Chicago: Society for Research in Child Development.

Ladson-Billings, G. 1994. *The Dreamkeepers: Successful Teachers of African American Children.* San Francisco: Jossey-Bass.

Langenhove, L. v., and R. Harre. 1999. "Introducing Positioning Theory." In R. Harre and L. v. Langenhove, eds., *Positioning Theory: Moral Contexts of Intentional Action,* pp. 14–31. Oxford: Blackwell.

Licht, B. 1993. "Achievement-Related Belief in Children with Learning Disabilities: Impact on Motivation and Strategy Learning." In L. J. Meltzer, ed., *Strategy Assessment and Instruction for Students with Learning Disabilities,* pp. 247–270. Austin, TX: Pro-Ed.

Lindfors, J. W. 1999. *Children's Inquiry: Using Language to Make Sense of the World.* New York: Teachers College Press.

Lloyd, C. V. 1998. "Adolescent Girls: Constructing and Doing Literacy, Constructing and Doing Gender." *Reading Research Quarterly* 33, 1: 129–136.

Luria, A. R. 1973. Trans. B. Haigh. *The Working Brain: An Introduction to Neuropsychology.* New York: Basic Books.

Lyons, C. 1991. "Helping a Learning Disabled Child Enter the Literate World." In D. DeFord, C. Lyons, and G. S. Pinnell, eds., *Bridges to Literacy: Learning from Reading Recovery,* pp. 205–216. Portsmouth, NH: Heinemann.

Lyons, N. 1990. "Dilemmas of Knowing: Ethical and Epistemological Dimensions of Teachers' Work and Development." *Harvard Educational Review* 60: 159–180.

Lyons, C. A., G. S. Pinnell, and D. E. DeFord. 1993. *Partners in Learning: Teachers and Children in Reading Recovery.* In D. Strickland and C. Genishi, eds., *Language and Literacy* Series. New York: Teachers College Press.

McQueen, H., and I. Wedde, eds. 1985. *The Penguin Book of New Zealand Verse.* Auckland, New Zealand.

Mercer, N. 2000. *Words and Minds: How We Use Language to Think Together.* London: Routledge.

Michaels, S. 1986. "Narrative Presentations: An Oral Preparation for Literacy with First Grade." In J. Cook-Gumperz, ed., *The Social Construction of Literacy,* pp. 94–116. New York: Cambridge University Press.

Miller, D. 2002a. *Happy Reading!* Tape 1: Essentials: Tone, Structure, and Routines for Creating and Sustaining a Learning Community. Portland, ME: Stenhouse. Videotape.

———. 2002b. *Happy Reading!* Tape 3: Wise Choices: Independence and Instruction in Book Choice. Portland, ME: Stenhouse. Videotape.

Miller, M. 1986. "Learning How to Contradict and Still Pursue a Common End—The Ontogenesis of Moral Argumentation." In J. Cook-Gumperz et al., ed., *Children's Worlds and Children's Language.* Berlin: Mouton de Gruyter.

Miller, P. J. 1994. "Narrative Practices: Their Role in Socialization and Self-Construction." In U. Neisser and R. Fivush, eds., *The Remembering Self: Construction and Accuracy in the Self-Narrative*, pp. 158–179. Cambridge: Cambridge University Press.

Mishler, E. G. 1999. *Storylines: Craftartists' Narratives of Identity*. Cambridge: Harvard University Press.

Mitchell, R. W. 2001. "Americans' Talk to Dogs: Similarities and Differences with Talk to Infants." *Research on Language and Social Interaction* 34, 2: 183–210.

Neisser, U. 1976. *Cognition and Reality: Principles and Implications of Cognitive Psychology*. San Francisco: W. H. Freeman.

Nicholls, J. G. 1989. *The Competitive Ethos and Democratic Education*. Cambridge: Harvard University Press.

Niemi, P., and E. Poskiparta. 2002. "Shadows over Phonological Awareness Training: Resistant Learners and Dissipating Gains." In E. Hjelmquist and C. v. Euler, eds., *Dyslexia and Literacy*. London: Whurr Publishers.

Nolen-Hoeksema, S., J. S. Girus, and M. E. P. Seligman. 1986. "Learned Helplessness in Children: A Longitudinal Study of Depression, Achievement, and Explanatory Style." *Journal of Personality and Social Psychology* 51: 435–442.

Nowicki, S., and K. A. Schneewind. 1982. "Relation of Family Climate Variables to Locus of Control in German and American Students." *Journal of Genetic Psychology* 141: 277–286.

Nystrand, M., A. Gamoran, R. Kachur, and C. Prendergast. 1997. *Opening Dialogue: Understanding the Dynamics of Language and Learning in the English Classroom*. New York: Teachers College Press.

O'Reilley, M. R. 1993. *The Peaceable Classroom*. Portsmouth, NH: Heinemann-Boynton/Cook.

Palmer, P. J. 1993. *To Know as We Are Known: Education as a Spiritual Journey*. San Francisco: HarperCollins.

Pintrich, P. R., and P. C. Blumenfeld. 1985. "Classroom Experience and Children's Self-Perceptions of Ability, Effort, and Conduct." *Journal of Educational Psychology* 77, 6: 646–657.

Pontecorvo, C., and L. Sterponi. 2002. "Learning to Argue and Reason Through Discourse in Educational Settings." In G. Wells and G. Claxton, eds., *Learning for Life in the 21st Century: Sociocultural Perspectives on the Future of Education*, pp. 127–140. Oxford: Blackwell.

Poskiparta, E., P. Niemi, J. Lepola, A. Ahtola, and P. Laine. 2003. "Motivational-Emotional Vulnerability and Difficulties in Learning to Read and Spell." *British Journal of Educational Psychology: British Psychological Society*.

Pradl, G. M. 1996. "Reading and Democracy: The Enduring Influence of Louise Rosenblatt." *The New Advocate* 9, 1: 9–22.

Pressley, M., R. L. Allington, R. Wharton-MacDonald, C. Collins-Block, and L. Morrow. 2001. *Learning to Read: Lessons from Exemplary First-Grade*

Classrooms. New York: Guilford.

Pressley, M., S. E. Dolezal, L. M. Raphael, L. Mohan, A. D. Roehrig, and K. Bogner. 2003. *Motivating Primary Grade Students.* New York: Guilford.

Pressley, M., and V. Woloshyn. 1995. *Cognitive Strategy Instruction That Really Improves Children's Academic Performance,* 2nd ed. Cambridge: Brookline Books.

Randall, W. L. 1995. *The Stories We Are.* Toronto: University of Toronto Press.

Ray, K. W. 1999. *Wondrous Words. Writers and Writing in the Elementary Classroom.* Urbana, IL: National Council of Teachers of English.

Reichenbach, R. 1998. "The Postmodern Self and the Problem of Developing a Democratic Mind." *Theory and Research in Social Education* 26, 2: 226–237.

Repacholi, B. M. 1998. "Infant's Use of Attentional Cues to Identify the Referent of Another Person's Emotional Expression." *Developmental Psychology* 34: 1017–1025.

Riessman, C. K. 1993. *Narrative Analysis.* Vol. 30. Newbury Park, CA: Sage.

Rio, P. d., and A. Alvarez. 2002. "From Activity to Directivity: The Question of Involvement in Education." In G. Wells and G. Claxton, eds., *Learning for Life in the 21st Century: Sociocultural Perspectives on the Future of Education,* pp. 59–83. Oxford: Blackwell.

Roeser, R., C. Midgley, and T. C. Urdan. 1996. "Perceptions of the School Psychological Environment and Early Adolescents' Psychological and Behavioral Functioning in School: The Mediating Role of Goals and Belonging." *Journal of Educational Psychology* 88: 408–422.

Rogoff, B., and C. Toma. 1997. "Shared Thinking: Community and Institutional Variations." *Discourse Processes* 471–497.

Schaffer, H. R. 1996. "Joint Involvement Episodes as Context for Development." In H. Daniels, ed., *An Introduction to Vygotsky,* pp. 251–280. London: Routledge.

Schunk, D. H., and P. D. Cox. 1986. "Strategy Training and Attributional Feedback with Learning-Disabled Students." *Journal of Educational Psychology* 78: 201–209.

Scollon, R. 2001. *Mediated Discourse: The Nexus of Practice.* New York: Routledge.

Scollon, R., and S. Scollon. 1981. *Narrative, Literacy, and Face in Interethnic Communication.* Northwood, NJ: Ablex.

Seligman, M. E. P. 1975. *Helplessness: On Depression, Development, and Death.* San Francisco: W. H. Freeman.

Senge, P. M. 1994. *The Fifth Discipline: The Art and Practice of the Learning Organization.* New York, Doubleday.

Skinner, E. A., M. J. Zimmer-Gembeck, and J. P. Connell. 1998. Individual Differences and the Development of Perceived Control (#254). Monographs of the Society for Research in Child Development, 63, 2–3: 220.

Steig, W. 1976. *The Amazing Bone.* New York: Puffin Books.

Sutton-Smith, B. 1995. "Radicalizing Childhood: The Multivocal Mind." In H. McEwan and K. Egan, eds., *Narrative in Teaching, Learning, and Research,* pp. 69–90. New York: Teachers College Press.

Taylor, B. M., D. S. Peterson, P. D. Pearson, and M. Rodriguez. 2002. "Looking Inside Classrooms: Reflecting on the 'How' as Well as the 'What' in Effective Reading Instruction." *The Reading Teacher* 56: 70–79.

Tomasello, M., and M. J. Farrar. 1986. "Joint Attention and Early Language." *Child Development* 57: 1454–1463.

Vygotsky, L. S. 1978. *Mind in Society: The Development of Higher Psychological Processes.* Cambridge: Harvard University Press.

———. 1986. *Thought and Language.* Cambridge: MIT Press.

Wagner, B. M., and D. A. Phillips. 1992. "Beyond Beliefs: Parent and Child Behaviors and Children's Perceived Academic Competence." *Child Development* 63: 1380–1391.

Wegerif, R., and N. Mercer. 1997. "Using Computer-Based Text Analysis to Integrate Qualitative and Quantitative Methods in Research on Collaborative Learning." *Language and Education* 11, 4: 271–286.

Wells, G. 1998. *Dialogue and the Development of the Agentive Individual: An Educational Perspective.* Aarhus, Denmark: ISCRAT98. http://www.oise.utoronto.ca/~gwells/Iscrat.agentive.txt accessed 2/15/04.

———. 2001. "The Case for Dialogic Inquiry." In G. Wells, ed., *Action, Talk and Text: Learning and Teaching Through Inquiry,* pp. 171–194. New York: Teachers College Press.

Wentzel, K. R. 1997. "Student Motivation in Middle School: The Role of Perceived Pedagogical Caring." *Journal of Educational Psychology* 89: 411–419.

Wertsch, J. V., P. Tulviste, and F. Hagstrom. 1993. "A Sociocultural Approach to Agency." In E. A. Foorman, N. Minick, and C. A. Stone, eds., *Contexts for Learning: Sociocultural Dynamics in Children's Development,* pp. 336–356. New York: Oxford University Press.

Wharton-McDonald, R., K. Boothroyd, and P. H. Johnston. 1999. Students' Talk About Readers and Writers, Reading and Writing. Paper presented at the American Educational Research Association, Montreal.

Wharton-McDonald, R., and J. Williamson. 2002. "Focus on the Real and Make Sure It Connects to Kids' Lives." In R. L. Allington and P. H. Johnston, eds., *Reading to Learn: Lessons from Exemplary Fourth-Grade Classrooms,* pp. 78–98. New York: Guilford.

Wood, L. A., and R. O. Kroger. 2000. *Doing Discourse Analysis: Methods for Studying Action in Talk and Text.* Thousand Oaks, CA: Sage.

Wortham, S. 2001. "Narratives in Action: A Strategy for Research and Analysis." In A. Ivey, ed., *Counseling and Development Series.* New York: Teachers College Press.

Young, R. 1992. *Critical Theory and Classroom Talk.* Philadelphia: Multilingual Matters.

Wortham, S. 2001. "Narratives in Action: A Strategy for Research and Analysis." In A. Ivey, ed., *Counseling and Development Series.* New York: Teachers College Press.

Young, R. 1992. *Critical Theory and Classroom Talk.* Philadelphia: Multilingual Matters.

國家圖書館出版品預行編目資料

老師好好說：發揮語言在兒童教育的影響力／
Peter H. Johnson著；李政賢譯. ——初
版. ——臺北市：五南，2018.01
　面；　公分
譯自：Choice words: how our language
affects children's learning
ISBN 978-957-11-9544-5（平裝）

1.兒童教育　2.教育傳播　3.語言

523.1　　　　　　　　　106024726

111C

老師好好說
發揮語言在兒童教育的影響力

作　　者 — Peter H. Johnson

譯　　者 — 李政賢

發 行 人 — 楊榮川

總 經 理 — 楊士清

副總編輯 — 陳念祖

責任編輯 — 李敏華

封面設計 — 姚孝慈

出 版 者 — 五南圖書出版股份有限公司

地　　址：106台北市大安區和平東路二段339號4樓

電　　話：(02)2705-5066　　傳　真：(02)2706-6100

網　　址：http://www.wunan.com.tw

電子郵件：wunan@wunan.com.tw

劃撥帳號：01068953

戶　　名：五南圖書出版股份有限公司

法律顧問　林勝安律師事務所　林勝安律師

出版日期　2018年1月初版一刷

定　　價　新臺幣300元

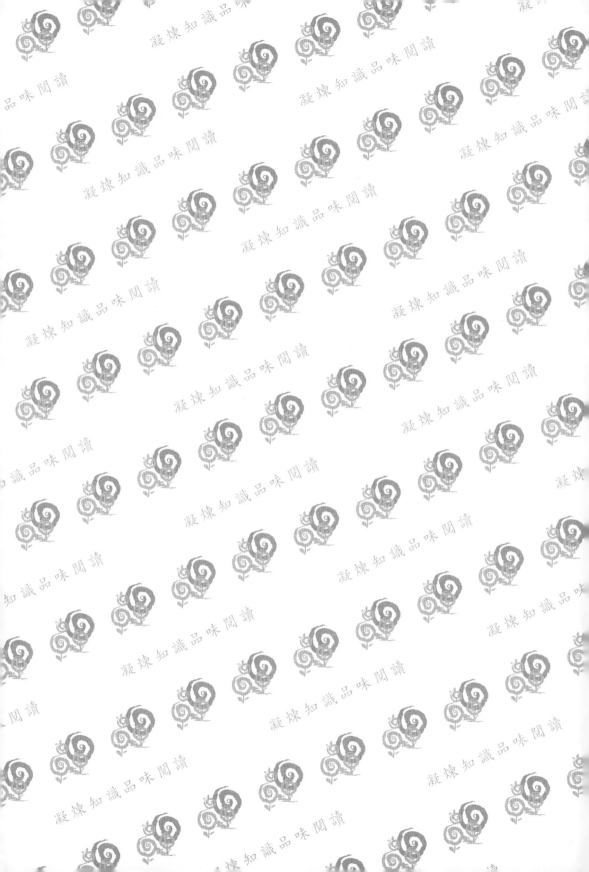